가볍게 산다

가볍게 산다

진민영 에세이

책읽는고양이

머리말

"Less is more." 적은 것은 언제나 더 많은 것을 의미한다. 늘 내 머릿속에 있는 문구다. 미니멀리즘을 내 삶에 받아들이고 어느덧 8년이 지났지만 이는 단 한 번도 변하지 않았다. 미니멀의 유용성을 압축해 놓은 이 한마디는 지금도 내 삶에 큰 울림을 준다.

가만히 있으면 우리 삶은 언제나 더 많이 채우고 '더하는' 쪽으로 흘러간다. 하지만 어느 한쪽으로 지나치게 치우치거나 기울어진 삶은 시기와 영역을 막론하고 건강하지 않다.

비움과 멈춤은 생각의 지평을 열어주고, 깊이 있는 사유를 이끌어낼 여비를 벌어준다. 이 여백을 통해 우리는 더 성취하고 성장하는 데 필요한 진짜 중요한 할 일들에 집중한다.

이 책의 원고를 쓴 8년 전 나는 돈과 물질에 얽매인 삶에 회의를 느꼈다. 물건이란 가져도 가져도 부족했고, 더 많은 것을 갈망하게 했다. 부족함 없이 살고 있음에도 나 스스로를 충분치 않게 느꼈다. 그런 삶을 떠나 정신의 자유, 배움과 성장이 있는 삶으로 나아가고자 했다. 그러기 위해서는 소유와 소비에 대한 가치관을 재정립할 필요가 있었다.

책에는 "물건은 행복을 가져다주지 않는다"라는 명제 아래 행동과 태도를 점검하고 반성하고 사유하고 실천한 흔적이 녹아 있다. 필요한 것, 해야 할 일의 목록이 쏟아지는 복잡한 세상 속에서 내가 원하는 나의 모습으로 거듭나기 위해 무엇을 해야 할까를 치열하게 고민하며 글로 써서 남겼다.

나의 필요를 명확하게 아는 것만큼 '행복'이 뚜렷해지는 방법은 없다. 무엇이 더 중요하고 덜 중요한지 알게 된 순간부터는 낭비와 집착, 후회로부터 멀어지고 선택과 집중, 절제와 중용에 가까워진다.

미니멀리즘은 내 안에 잠들어 있던 나의 우선순위를 재발견하는 훈련이자 행복해지는 과정이다.

이 책은 옷을 효과적으로 개는 법이나 더 많은 물건을 질서 정연하게 수납하는 노하우를 말하지 않는다. 소박함과 단순함의 아름다움을 내 경험을 토대로 찬미할 뿐이다. 나를 미니멀리스트로 이끌어낸 많은 책들이 그랬고, 나 역시 그런 책을 쓰고 싶었다.

책의 재출간 제의를 받고 원고를 다시 읽어보았다. 몇 년이 지났지만 내 믿음은 한결같다. 그때와 지금 내 삶의 형태는 많이 달라졌고, 나이가 들며 둥글어진 사고들도 있지만, 지금도 무언가를 선택하고 실행하는 데는 같은 기준과 가치를 따른다. 제일 먼저 책상 위, 서랍 속, 옷장 안에 쓸모없이 자리한 물건부터 들여다본다. 그리고 이 덜고 비우는 오랜 습관을 중요한 결정을 할 때도 활용한다. 무엇을 더 할까가 아닌 무엇을 하지 않을까. 질문 한 가지를 바꾸는 것만으로 내 삶은 한층 더 지혜롭고 만족스러워진다.

'미니멀리즘'이란 다섯 글자는 언제나 나를 설레

게 한다. 이 책을 읽는 독자들도 이 지혜의 다섯 글자를 삶에 받아들여, 더 나은 하루하루를 도모하는 데 도움을 받으셨으면 한다.

2025년 6월
진민영

차례

머리말_4

1부 버리고 비워서 얻는 것
불필요한 것들을 걷어내다_14
책상 하나, 테이블 하나, 붙박이장이 전부_19
내면과 본질을 가꾸기 시작하다_21
계획을 세우지 않는다_25
하고 싶은 일은 대충, 어설프게 무조건 시작한다_29
감정의 비움_34
존중받아야 할 침묵과 무표정_38
단 한 권의 힘_41
부족함, 결핍, 불편함은 행복으로 가는 가장 **빠른** 지름길_46
결함은 축복이다_51
최고의 노후 준비는 내가 가진 향기와 색깔_55
키워야 할 단 한 가지 능력, 자기애_60
당신, 지금 행복한가요_64

미니멀리즘을 완성하는 단 하나의 조건은 본질을 보는 안목_71

2부 버리고 비우는 법
옷_76
음식_79
심플하게 먹는 즐거움_82
스킨케어 미니멀리즘_87
가벼운 화장_90
이사_93
스마트폰 용량 최소화_96
물욕_100
집_102
바닥 생활자_106
가구 배치 바꾸기_109
쇼핑은 까다롭게_113
텔레비전_116

책_119
단 한 가지 규칙_123
물건 버리기가 막막한 당신에게_125
쏨쏨이_127
가격은 물건을 고르는 좋은 기준_135
추억은 디지털화한다_137
버리기 중독을 경계할 것_139

3부 버림과 비움 이후
나의 진짜 가치_142
건강 관리_146
실천은 자연스럽게 따라온다_151
물건과의 까다로운 만남, 이별에 대한 두려움_156
집중하고 성취한다_159
한결같이 곁에 있어줄 단 한 명의 친구_161

4부 본질
소식_166
인테리어_170
공짜_173

만족_176
여행_179
소유_184
충만함_187
좋은 습관_190
성장_192
행복_195
마음_197
꿈_200
외모 관리_203
정리_205
환경과 지구_208
가짜 미니멀리즘_211

부록
기쁨이 배가 되는 선물_216
버리기 전 한 번 더 체크리스트_218
결핍의 한 달 보내보기_220
지금 당장 없앨 수 있는 물건 23가지_222

1부
버리고 비워서 얻는 것

불필요한 것들을 걷어내다

중국에서 기숙사 생활을 하면서 1년 동안 자의 반 타의 반으로 물건이 없는 생활을 했다. 기숙사 방은 아주 좁았다. 침대 하나, 책상 하나가 겨우 들어갈 만큼 작은 공간이었다. 필요한 건 현지에서 살 요량으로 한국에서 물건을 많이 가지고 가지 않았다.

불편할 거라는 예상과 달리 생활은 단순함이 더해지자 의외로 더 편리해졌고, 나는 물건이 없는 좁은 공간에서 평온함과 아늑함을 느꼈다. 언제든 마음만 먹으면 어디로든 자유롭게 떠날 수 있을 것 같았다. 공부에 매진할 수 있었고, 주말이면 홀로 베이징의 작은 골목을 누비거나 중국 곳곳을 여행했다.

2014년 끝자락 겨울, 한국으로 돌아와 다시 물건이 가득 찬 방에서 지내게 되자 왠지 모를 답답함에 숨이 막혔다. 곧이어 다가온 봄에 복학을 했고, 그

해는 가히 최악의 해가 되었다. 학교생활은 권태로웠고 인간관계에 지쳐갔다. 매사 무기력하고 공허했다. 허전한 마음에 사람을 더 많이 만나고 물건을 더 사들이고 좋아하지도 않는 사람과 연애를 했다. 그리고 씻을 수 없는 상처를 사람들에게 줬다. 상황은 점점 악화되고 나아질 기미가 보이지 않았다. 나는 많은 사람을 매일같이 만났지만, 점점 더 외롭고 쓸쓸했고 의욕을 상실해갔다. 점점 더 우울해졌고 급기야 관계를 단절하기까지 했다.

그때 미니멀리즘을 접했다. 야마시타 히데코(山下秀子)의 《버림의 행복론》이라는 책을 통해서였다. 나는 홀린 듯이 단숨에 책을 읽어나갔다. 우리가 사는 공간, 사용하는 물건에도 생명이 있고 기(氣)가 흐른다고 했다. 나는 머리를 망치로 맞은 것 같은 충격에 휩싸였다. 원인을 알 수 없는 답답함과 숨 막힘도, 방 안의 기류가 무겁게 느껴졌던 이유도, 모두 쓰임 없이 방 안을 가득 메운 물건들 때문이었다.

불필요한 것들을 걷어내면 미처 보지 못한 중요한 것들이 보인다는 말은 감동적이었다. 흥분이 되기 시작했다. 우울의 진흙탕 속에서 나를 꺼내줄 마지막 희망같이 느껴졌다. 소매를 걷어붙이고 물건을 버리기 시작했다. 처음에는 막막했다. 무엇부터 해야 할지 모르겠고 혼란스러웠다. 한 번에 전부 다 처분하고 홀가분해지고 싶었다. 눈앞에 펼쳐지는 결과로 빨리 보상받고 싶었다.

비교적 손대기 쉬운 물건부터 시작했다. 고장 나고 못 쓰게 된 물건부터 버렸다. 그다음은 멀쩡하지만 사용하지 않는 물건이 타깃이었다. 거침없고 자신감이 넘쳤다. 하지만 의욕과는 달리 '추억의 물건' 들 앞에서 매번 무력해졌다. 자신감을 잃고 한동안 아무 물건도 버리지 못했다. '역시 나는 이것조차 하지 못하는 무능한 인간이야' 라며 자책했다.

하지만 포기하지 않았다. 조금씩 버렸고 조금씩 더 과감하고 냉철해졌다. 나는 과거를 살고 있는 사람이었다. 과거의 끈이 나를 옴짝달싹 못 하게 옭아매서 현재를 살지 못했다. 이런 심리 상태를 내 추억 속 오랜 물건들이 대변해주고 있었다. 예뻐서 샀지만 어울리지 않는 재킷, 지역 행사에서 받은 단체 티셔츠, 옷걸이로 전락해버린 운동 기구, 선물해준 사람의 성의 때문에 보관해온 장식용 목각 인형……. 과거의 흔적, 현재를 발목 잡는 모든 옛것들, 어둠 속에서 먼지만 먹고 암울한 기운을 뿜어내던 물건들을 버렸다. 과거는 마음 한편에 아련하게 남아 있는 추억으로 비로소 제자리를 찾아갔다.

뿌듯함과 성취감이란 것을 참 오랜만에 느꼈다. 뭐든지 할 수 있다는 자신감이 생겼다. 그리고 주변을 '지금', '순간', '당장'으로 채웠다. 내 목표, 꿈, 내가 그리는 미래를 위해 살기 시작했다. 한순간도 게을리할 수 없었다.

미니멀리즘은 내게 너무 많은 것들을 가르쳐주었다. 인생은 매 순간 충실히 살아야 진짜 살아 있는 인생이란 것과 '나'의 목소리에 귀 기울이는 법을 가르쳐주었고, 꿈을 위해 노력하는 원동력이 되어주었고, 가진 것에 감사하는 겸손함도 가르쳐주었다. 미니멀리스트가 된 이후 나는 자유로워졌다. 짐이 가벼워지니까 언제든 미련 없이 어디로든 떠날 수 있었다. 그리고 매일매일 성장한다. 매일 도전하고 작은 목표를 향해 조금씩 달려간다. 하루하루가 뿌듯하고 대견스럽다. '성장'의 기준과 '성공'의 기준은 주관적이라는 점, 미니멀리즘이 알려준 또 하나의 소중한 가르침이다.

책상 하나, 테이블 하나, 붙박이장이 전부

 미니멀리즘을 본격적으로 실천하기 시작한 것은 2015년 2월 즈음이었다. 조금씩 버렸고 점점 더 과감하고 거침없어졌다. 나중에는 필요 없다는 판단이 들면 미련 없이 버릴 수 있게 되었다. 지금은 백팩 하나로도 충분히 살아갈 수 있다고 생각할 정도의 경지에 이르렀다.

 2016년 초는 한창 많이 버린 시기였다. 그 당시만 해도 침대가 있었다. 그러나 덩치 큰 가구는 작은 방에 짐스럽다는 생각이 들어서 필요한 사람에게 판매했고, 지금은 바닥 생활로 만족하고 있다. 책장도 책과 잡동사니들로 빼곡했다. 지금 생각하면 '왜 그렇게 많은 쓰레기들을 쌓아놓고 살았지' 하는 생각이 들 뿐이다.

 고물상도 부르고, 중고 거래도 하고, '옷캔' 같은 환경 NGO 단체에 기부도 하고, '아름다운 가게' 같은 비영리 단체에도 갔다. 헌옷 업체 사장님이 "어디, 외국으로 이민 가시나 봐요?"라고 물을 정도로 물건 처분에 도가 터갔다. 약 1년이 지나자 옷장은 소박해졌고, 옷 입는 일이 쉽고 즐거워졌다. 아침은 여유로워졌다.

덩치 큰 책상도 팔았고, 얼마 전에 옷장도 처분했다. 방에 있는 건 책장 하나, 교실 책상 크기의 작은 테이블, 붙박이장이 전부다.

내면과 본질을 가꾸기 시작하다

 미니멀리즘을 삶의 철학으로 삼은 지 3년, 그동안 시행착오도 많았지만 그만큼 배운 것도 많다. 가구를 하나둘 처분하고, 읽지 않는 책과 입지 않는 옷도 정리했다. 없이 사는 가벼움을 알게 되었고, 소유하지 않는 자유가 이토록 소중한 건지 깊이 깨달았다. 겉치레보다 본질적인 가치에 집중했다. 표면적인 가치에 전전긍긍하던 과거와 달리 속을 가꾸자 놀랍게도 많이 여유롭고 편안해졌다.

 그러나 때로는 지치고 힘들었다. 이게 다 무슨 소용인가 싶기도 했다. 가치를 의심하게 만드는 일들도 많았다. 내면과 본질은 가꾸기가 쉽지 않다. 표면적인 가치나 겉치레와 달리, 내면은 노력을 해도 쉽게 변하지 않는다. 오랜 시간을 두고 꾸준히, 물을 주고 잡초를 제거하고 볕이 좋은 곳에서 잘 자랄 수 있게 공을 들여야 서서히 빛을 발한다.

화려하게 치장한 사람들 앞에서 위축되기도 했다. 물욕을 부리지 않는 것이 고상한 척 홀로 자위하는 행동은 아닐까, 하는 생각도 들었다. 하지만 매일 블로그에 글을 한두 편씩 쓰기 시작해 어느덧 30일째가 되었을 무렵부터 공감과 응원을 보내주는 사람들이 생겼다. 내 생각과 글이 사람들의 일상에 기여한다는 사실이 내게 자신감을 주었다.

무엇보다 내가 이 모든 일을 시작한 이유를 다시금 떠올리게 되었다. 행복, 성취를 위해 시작했다. 오늘을 온전히 살아내기 위해 시작했다. 허상 같던 행복이 구체적으로 바뀌어나갔다.

모든 것을 다 가졌다고 생각한 지난날, 누구보다 세상에서 가장 행복해야 할 조건을 갖추었음에도 매일매일 살아야 하는 이유를 묻던 과거가 생각났다. 나는 열등감과 불행으로 얼룩진 사람이었다. 낮아진 자존감은 시기와 질투로 변했고, 눈덩이처럼 불어나는 생각과 고민은 피를 말렸다.

마음 한구석이 비어갈 때마다 물건을 사고, 사람에 집착하고, 자신을 미워하고, 환경을 탓했다. 채우고 또 채웠지만 그럴수록 내 마음은 점점 더 구멍

이 깊어져갔다. 외모를 가꾸기 위해 한 끼만 먹으며 운동을 세 시간씩 했다. 발톱이 빠지고 습진이 생겼다. 입에 물고 있던 음식을 도로 뱉고 땀범벅이 된 몸을 끌고 현기증이 나는데도 또 운동을 했다.

자격지심은 이루 말할 수 없이 심했다. 속은 한없이 피폐해졌고 건강은 외면했다. 까칠하고 예민하며 늘 신경질적이었다. 주위의 걱정을 '판단'과 '지적질'로 여겼다. 잘하는 것, 감사한 일, 열심히 해낸 성취감보다 부족한 점, 이루지 못한 목표, 포기한 일만 생각했고, 늘 더 가지지 못해 불안하고 조급했다. 옷, 책, 화장품, 물질로 성취를 대신하려고 했다. 이룬 게 아무것도 없어도 물질적인 풍요를 누리면 당당해질 거라고 생각했다. 하지만 성취와 성장은 물질이 대신할 수 있는 가치가 아니었다. 성취와 성장을 이루려면 관계, 긍정, 작은 행동, 꾸준함, 정신적 건강이 선행되어야 한다는 것을 뒤늦게 깨달았다.

처음에는 환경이 바뀌면 마음가짐도 바뀔까 하는 희망으로 주변을 정리하기 시작했다. 자포자기의 심정이었는데 물욕에서 벗어나자 말로 표현할 수 없을 정도로 마음이 홀가분했다. 묵직하게 나를 짓누르던 짐을 던져버리자, 발걸음이 가벼워지고 고민과 걱정이 사라졌다. 맑아진 집중력으로 머릿속에 그리던 목표를 하나씩 실행해나갈 수 있었다.

정리를 너무 못해서 치운다고 치워도 돼지우리 같던 방에서 벗어나 정리정돈 자체가 필요 없어진 온전한 '휴식'의 공간에서 살게 되었다. 이제는 설렘으로 내일을 기다린다. 오늘은 어떤 성취와 감사로 채울까 기대된다. 또 내가 그리는 행복이 손으로 잡을 수 있을 만큼 명확해졌다. 자신이 바라는 행복이 어떤 것인지 정의 내릴 수 있는 사람은, 물질과 부의 부피에 좌우되지 않고 스스로 풍요로움을 만들 수 있다.

정체감이 들 때마다 이 모든 일을 시작한 첫 마음가짐을 떠올려본다. 지속할 수 있는 힘이 생긴다. 앞으로도 이대로 쭉 아무것도 없는 방에서 살 생각이다.

계획을 세우지 않는다

나는 한때 계획광이었다. 표까지 만들어 연, 월, 주 단위로 해야 할 일, 하고 싶은 일을 번호 매겨가면서 열거했다. 당시에는 그게 내 삶을 풍요롭게 만들고 생산적인 하루를 보내도록 돕는다고 생각했다. 계획을 쳐다보기만 해도 머리가 아플 정도로 복잡하고, 해야 할 일이 너무 많아서 시작하기도 전에 지쳐갔다. 10가지 계획 중 5가지를 달성해도, 늘 해결하지 못한 5가지가 거슬렸다. 실패한 것 같다고 느꼈고, 점점 의욕을 상실해갔다.

지금은 계획을 세우지 않는다. 그날 해야 할 중요한 일 한 가지만 기억하고 반드시 해낸다. 이루고 싶은 목표는 멀리 본다. 처음부터 '보스 몬스터'를 상대하려고 하지 않는다. 초보자 '던전'에서 칼 몇 번 휘두르면 해치울 수 있는 몬스터를 잡는다. 그렇게 경험치를 쌓으며 자신감을 얻는다.

우리는 계획을 완벽하게 세우고 싶어 한다. 완벽한 계획이 목표 달성의 지름길이라고 믿는다. 하지만 현실은 반대다. 거창한 계획은 우리를 압도한다. 시작하기도 전에 두려움이 우리를 지배한다.

30일 동안 매일 팔 굽혀 펴기를 500번씩 하기로 계획을 세웠다고 가정하자. 첫째 날은 의욕 넘치게 시작해서 계획을 완수했다. 다음 날, 늦잠을 자서 100번밖에 하지 못했다. 왠지 3일차부터는 게을러지기 시작한다. 그렇게 3일 동안 고통 받으면서 팔 굽혀 펴기를 열심히 했지만, 패배감만 남고 아무것도 이루지 못했다.

하지만 팔 굽혀 펴기 10번은 어떨까? 10분간 공원 산책은 어떨까? 너무 쉬워서 실패하기 어렵다. 이렇게 작고 사소한 계획은 자신감을 북돋우고, 그러는 동안 쌓인 자신감은 일종의 보상까지 만들어낸다. 물론, 팔 굽혀 펴기 10번을 매일 1년 동안 한다고 몸이 크게 달라지지는 않는다. 하지만 중요한 건 10번이 20번이 되고, 20번이 100번이 되는 습관의 힘이다.

나는 어설픈 계획이 주는 놀라운 효과를 실제로

경험한 적이 있다. 뭐든지 완벽하게 해야 한다는 완벽주의자 강박이 있었는데, 운동만은 도저히 3일 이상 지속할 수 없었다. 하지만 어느 날, 아무것도 안 하는 것보다 뭐라도 하는 게 손해는 보지 않겠지, 라는 마음가짐으로 스트레칭부터 매일 하기 시작했다. 그러다보니 이제는 아침에 눈뜨자마자 스트레칭을 하는 게 습관이 돼서, 특별히 노력하지 않아도 매일 하게 되었다. 그리고 5분 스트레칭은 10분 요가로, 10분 요가는 20분 요가로 이어졌다. 계획에 없던 일이라서 중압감 없이 더 즐겁게 할 수 있었다. 소박한 계획은 언제나 계획한 것 이상을 하게 만든다.

   나는 지금도 계획을 세울 때 아주 사소한 것부터 시작한다. 인간의 심리는 참 이상하다. 하지 말라고 하면 더 하고 싶고 하라고 외칠수록 더 하기 싫어진다. 뭐라도 하는 게 도움이 된다는 걸 알면서도 완벽한 계획을 세워 완벽하게 끝내야 한다고 믿는다. 대충 하루 5분이라도 피아노를 매일 연습하는 게 60분을 계획하고 1분도 치지 않는 것보다 훨씬 좋다는 이론은 너무도 명료하다. 대충, 어설프게, 조금씩 해도 상관없다. 주어진 여건과 상황에 맞게 미비하게나마 당장 시작할 수 있는 일부터 하면 된다.

밤낮으로 꿈만 꾸고 인터넷으로 '어떻게', '잘하는' 방법만 검색하는 사람은 세상의 그 어떤 우수한 비결과 비기를 가져다줘도 행동하지 않을 사람이다. 세상에 지름길은 없다. '꿀팁'도 없다. 꿈은 작고 사소한 꾸준함이 만든다. 지금 무엇이든 행동 한 가지라도 머릿속에 떠오른다면 당장 시작해야 한다. 심리 메커니즘을 이해하면 똑똑하게 역이용할 수 있다. 유창하게 말하고 걷는 우리도 옹알이와 걸음마부터 시작했다는 것을 잊지 말자.

하고 싶은 일은 대충, 어설프게 무조건 시작한다

 2015년부터 소유물을 절반 이상 줄이고 '미니멀리스트'로 살아가고 있다. 단순히 물건을 줄였을 뿐인데, 이 작은 변화는 나의 가치관, 삶의 만족도, 성취, 인간관계, 건강까지 많은 영역에 큰 영향을 끼쳤다. 미니멀리즘을 삶에 적용하면서 약 3년간 내가 경험한 변화, 가르침, 깨달음을 매일 조금씩 기록했다. 그렇게 기록한 것을 모아 2016년 첫 번째 책 《없이 사는 즐거움》을 출간하기도 했다.

 물건을 줄이고 의식적이고 까다로운 소비자가 되면서 나는 집 안에 물건 하나를 들일 때도 신중에 또 신중을 기한다. 청소가 필요 없어진 환경, 자유로운 정신, 미래에 대한 낙관, 앞으로 나아가는 성장감(成長感)……. 미니멀리즘이 내 삶에 가져온 긍정적 변화는 일일이 헤아릴 수가 없다.

 나는 과거에 전형적인 '의지형' 인간이었다. 바

닳난 자존감을 옷, 화장품, 책 같은 물질로 채우려 했고, 내면의 공허함과 외로움을 사람에 대한 집착으로 해소했다. 성취와 성장이 없는 현실을 환경 탓으로 돌렸다. 그 결과 사람에 대한 집착은 나를 더 외롭게 했고, 물질로 채운 자존감은 더 많은 물질을 요구했다. 노력과 행동이 없는 현실은 수백 번 '환경'을 탓해도 달라지지 않았다.

성취욕이 강한 내게 성취와 성장이 없는 삶이 행복할 리 없었다. 좀처럼 성취를 위한 행동을 지속할 수 없던 나는 물건을 하나둘 버리기 시작하면서 마음의 여유가 생겼다. 잉여 공간을 마주하면서 여유를 느끼게 됐고, 시간과 에너지가 남아돌자 그 시간과 에너지를 내 가슴이 뛰는 일에 쏟기 시작했다. 관심도 애정도 없는 물건을 사람들과 어울리기 위해, 사회의 전형에 맞추기 위해 사 모으고, 그것들로 스스로를 치장하던 일을 모두 접었다.

그리고 묻기 시작했다. '내가 무엇을 원하는가?' '무엇이 나를 행복하게 하는가?' '이 일이 진정 나를 기쁘게 하는 일인가?' 그것은 음식도, 옷도, 화장품도 아니었다. 나는 매일 같은 음식을 먹어도, 옷을 10벌만 가지고 있어도, 비비 크림만 발라도 별 문제가 없는 사람이었다.

내게는 책을 읽고, 여행을 하고, 글을 쓰고, 소중한 사람들과 가치 있는 대화를 나누고, 사회에 긍정적인 기여를 하고, 외국어를 공부하고, 몸을 돌보고, 새로운 지식을 배우는 과정이 진정한 가치이자 영혼을 따뜻하게 채우는 일들이었다. 그렇게 조금씩 하루하루를 '매일', '당장', '순간'으로 채우기 시작했다. 하고 싶은 일은 계획하지 않고 대충, 어설프게 무조건 행동으로 옮겼다. 해야 할 일도 마찬가지다. 일단 시작했다. 넘어지고 망가져도 또다시 일어서서 달렸다. 인터넷 창 하나도 진득하게 못 보던 나는 이제 한 번에 두 가지 이상 일을 하지 않는다. 한 가지 일을 반복해서 매일 한다. 그렇게 쌓인 반복과 축적의 시간은 놀라운 결과를 선물했다.

무엇 하나 꾸준히 하지 못했던 나는 200일이 넘는 시간 동안 매일같이 블로그에 글을 한 편씩 썼고, 출판을 했고, 꿈을 이루기 위해 도전한 자격시험에 3개월 만에 합격했다. 물건을 비우고 삶의 군더더기를 덜어내자 식생활이 눈에 띄게 개선됐고, 알레르기가 자연스럽게 호전됐다. 먼지만 먹던 논문을 꺼내 들고 매일 한 장씩 번역을 시작했고, 매일 아침 일본어를 공부하기 시작했다. 마음만 먹고 아무것도 하지 않던 과거와 달리, 열정이 있는 일 앞에서는 망설이지 않고 움직였다.

정리를 너무 못해서 치워도 치워도 그 상태가 일주일이 가지 않았다. 대체 나는 왜 이럴까? 묻고 또 물었다. 세상에 있는 온갖 수납법, 정리법도 시간이 지나면 다시 원점이었다. 자괴감과 열등감에 시달렸다. 그때 한 가지 원칙을 마주했다. 정리를 못할수록 물건의 부피를 줄여야 한다는 원칙이었다. 나는 이제 정리를 하지 않는다. 수납법과 정리법도 찾지 않는다. 청소는 손걸레로 방바닥을 한 번 닦아주는 걸로 끝난다. 그래도 내 방은 언제나 손님을 맞이할 채비를 한 것처럼 깔끔하다. 불쑥 사진기를 들이밀어도 부끄럽지 않은 방이 됐다.

우울의 구렁텅이에 있을 때 나를 구해준 건 의사도 치유 전문가도 돈도 물질도 아닌, '비움'이었다. 쓰지도 않고 쌓아둔 물건, 설레지 않는 물건, 읽지 않는 책, 입지 않는 옷, 언젠간 사용할지도 모른다고 보관한 잡동사니를 버리면서 나는 '자신감'을 찾아갔고 홀가분함을 느꼈다. 인간관계에 스트레스를 받아 공황 장애와 불안 장애에 시달리며 살던 지난날을 떠올리면, 지금의 평화가 현실이 아닌 것 같다는 생각도 든다. '나'라는 사람도 그대로고 주위 사람들도 그대로인데, 어떻게 삶의 질이 이렇게나 달라졌을까? 이 모든 변화의 뿌리에는 '미니멀리즘'이 있다. 비단 물건뿐만이 아니다. 미니멀리즘은 삶의 철학이고 태도다. 관계, 소유물, 성취까지 미니멀리즘은 적용되는 범위가 끝도 없다.

이제 아무것도 쌓아놓지 않는다. 쓰임이 없는 물건은 에너지와 공간, 시간을 뺏는다. 내 삶은 더 의미 있는 것들로 채워야 충만하다. 그만큼 나는 가치 있는 사람이다.

감정의 비움

하루하루 행복하게 살아야 한다는 강박이 있는 것은 아니지만, 나는 요즘 매일 즐겁다. 스트레스를 좀처럼 받지 않는다. 이 변화에는 두 가지 이유가 있다.

첫째, 그때그때 감정의 찌꺼기를 청소한다.

더는 감정을 쌓아놓지 않는다. 폐품처럼 쌓인 감정은 마음의 동맥 경화를 일으켜, 나중에는 숨이 턱턱 막힐 듯한 우울증을 만든다. 감정을 해소하는 방법은 제각각이다. 나는 글을 쓰면서 창작으로 승화하기도 하고, 멍하니 있거나 생각을 일으키는 스위치를 차단해버리기도 한다.

공간의 비움만큼 감정의 비움도 중요하다. 이런저런 잡생각들로 머릿속을 채우면 정신이 맑을 수가 없다. 쉴 새 없이 돌아가는 머릿속도 휴식이 필요하다. 마음속 감정의 잔해들도 기억날 때마다 분리수거를 해야 한다. 부정적인 생각과 우울한 감정은 잊으려고 애쓴다고 사라지지 않는다. 덮어둔다고 상처가 아물지 않는다. 오히려 활짝 열어서 정면으로 마주해야, 서서히 살이 차오르고 상처 부위는 단단해진다.

둘째, 고민의 가짓수가 줄었다.

고민의 부피는 달라지지 않았다. 여전히 인생을 결정하는 선택의 기로에서는 심사숙고한다. 오히려 전보다 고민의 질은 높아지고 깊이는 깊어졌다. 하지만 고민의 가짓수가 눈에 띄게 줄었다. 예전에는 하루에도 수십 가지를 동시에 생각했다. 집을 나서는 순간에도 문을 잠갔나, 가스 밸브를 확인했나, 빠뜨린 물건은 없나 하며 별의별 우려를 다 하곤 했다. 우려는 불안으로 이어지고, 불안은 스트레스가 됐다. 덤벙대는 성격 탓에 늘 무언가를 잃어버리지 않을까 전전긍긍했고, 마감을 놓치고 깜빡하는 일은 없는지 늘 불안했다. 하지만 공간을 비우고 물건의 가짓수와 부피를 줄이고 행동반경이 좁아지자 선택지도 대폭 줄었다.

고민해야 할 모든 것을 눈앞에 펼쳐놓고, 해야 할

일들을 우선 해치운다. 해야 할 일의 목록 또한 짧고 간략하게 줄여 오늘 할 굵직한 일정만 염두에 두니, 기력을 보충하면서 성공적인 하루를 보낼 수 있었다. 실수와 도난, 분실에 대한 막연한 불안감은 물건을 줄임으로써 그 싹 자체를 잘라버렸다. '대문증후군'이라는 말을 붙이고 싶을 정도로, 집을 나설 때 끊임없이 나를 괴롭히던 수많은 잔걱정들이 이제는 사라졌다.

정기적인 감정 청소와 줄어든 선택지는 엄청난 변화를 가져왔다. 지나치게 많은 선택지는 아무런 선택도 하지 못하게 한다. 선택지를 확장하려고만 하면, 선택의 굴레에서 영영 벗어나지 못한다. 선택지를 줄이면 더 중요한 일, 가장 중요한 일, 최우선시해야 할 일이 보이고 고민을 할 필요가 없어진다.

감정 또한 취사선택해야 한다. 나는 예민해서 감정에 쉽게 압도당하는 성격이다. 물론 지금도 별로 다르지 않다. 하지만 감정을 처리하는 방식이 달라졌다. 이제는 감정을 땅속에 묻어놓지 않는다. 안 좋은 감정일수록 꺼내서 마주하고 불태워버린다. 그러고는 감정의 출처를 철저하게 심문한다. 감정을 분리수거하고 안 좋은 감정을 소거하는 일은 내가 그 어떤 일보다 우선시하는 일과 중 하나다.

존중받아야 할 침묵과 무표정

진정한 휴식은 침묵, 고독, 그리고 무표정이다. 주위에 사람이 없어야 바닥나던 에너지가 조금씩 차오른다. 물건을 사고 원하는 바를 요구하고 하고 싶은 말을 할 권리가 누구에게나 있듯이, 말을 하지 않고 웃지 않고 과하게 표현하지 않을 권리 또한 누구에게나 있다.

사람들은 '침묵' 앞에서 불안해한다. 말을 하지 않으면 화가 났다고 생각하고, 표정이 없으면 기분을 풀어주려고 한다. 때로는 침묵 자체를 견디지 못한다. 어떻게든 화젯거리를 만들어서 여백을 채우려고 하고, 침묵에서 벗어나기 위해 어색한 대화라도 이어간다.

'혼자'도 마찬가지다. 유독 우리나라 사람들은 '혼자'를 안쓰러워한다. '혼자' 내버려두는 것을 사랑이 아니라고 생각한다. 하지만 '사랑'은 상대

방에 대한 존중이다. 상대방이 원하는 것이 무엇이든 귀를 기울이는 게 사랑이다. 자신의 신념과 의견을 강요하지 않고 그 사람의 말을 이해해주고 받아들이는 자세다.

말을 하지 않는 것은 소유하지 않을 자유만큼 소중한 권리다. 우리는 끊임없이 말을 하고 산다. 분쟁은 대부분 말에서 비롯된다. 세 치 혀가 사람을 죽인다는 말이 있다. 말실수로 관계를 망치기도 하고, 소중한 기회를 놓치기도 한다. 지나친 말은 허풍과 거짓말을 낳고, 거짓말은 눈덩이처럼 불어나 더 큰 참사를 부른다. 과장된 언행은 신뢰를 떨어뜨린다.

상대방이 누가 됐든 휴식이 허락된 나의 자유 시간만큼은 혼자이고 싶고 입을 다물고 싶다. 내향적인 사람들은 대개 머릿속에 작은 스위치가 하나 있다. '관계 모드, 휴식 모드'를 조절하는 스위치다. 외부의 자극으로부터 자유로운 홀로 있는 시간은 나를 지키는 요새 같은 역할을 한다.

우리가 살아가는 세상은 뭐든 차고 넘친다. 잔이 채 비지도 않았지만 서둘러서 채워 넣는다. 결핍과

느림을 먼저 경험해야 '침묵'과 '혼자'에 관대해진다. 침묵의 시간에 나는 그 누구보다 최고의 시간을 보낸다. 혼자 카페에 가서 글을 쓰고 책을 읽거나, 홀로 한강에 산책을 가거나, 혼자 여행을 떠나거나, 모두 나의 행복을 위해 자발적으로 선택한 일들이다. 때로는 아무 말도 하지 않는 것이 최고의 대답이 될 수도 있다.

단 한 권의 힘

《영어책 한 권 외워봤니?》라는 영어 공부 책이 있다. 이 책의 저자는 영어 회화를 아예 못하는 초보자들도 회화 책 한 권을 제대로 정독하면 영어 회화의 기본기를 완성할 수 있다고 주장한다. 굉장히 설득력 있는 주장이다. 나는 이 책이 나왔을 때 사실 놀라지 않았다. 뻔하면서도 쉽지 않은, 그러나 확실한 공부법이다.

목표를 이루고 준전문가 수준에 이르는 데 필요한 건 여러 권의 책이 아니다. 단 한 권만 충실히 공부해도 가능하다. 여러 권을 어설프게 수박 겉 핥기 식으로 보는 것보다 오히려 한 권을 수차례 반복해서 보고 완벽하게 소화하는 게 더 효과적이다. 하지만 책 한 권을 오랜 시간 여러 번 반복해서 보는 것은 사실 쉽지 않다. 처음 읽을 때는 신선한 내용이 많아서 배우는 재미가 있다. 그러나 시간이 지나면 내용이 눈에 들어오지 않고 지겨워진다. 그렇게 포기하고 다른 책에 손을 대는 순간 공부 진도는 떨어지기 시작한다.

세상 모든 일이 마찬가지다. 글을 잘 쓰고 싶으면 같은 책을 여러 번 읽고 필사하며 외울 정도로 반복적으로 봐야 한다. 좋은 문장이 많은 단 한 권의 책이면 충분하다. 아무리 많은 책이 있어도 한 권도 제대로 보지 않는다면, 소용이 없다. 소유하지 않아야 하는 이유가 여기에 있다. 선택지가 많아지면 복잡해진다. 한 가지에 집중하기가 어려워진다. 복잡하게 생각할 것 없이 단 한 권의 책을 반복적으로 읽고 아침에 한 시간만 일찍 일어나서 조깅을 하면, 이 작은 꾸준함이 100일, 200일 쌓이면서 믿기 힘들 정도의 놀라운 결과로 드러난다.

중요한 것은 '무엇'과 '어떻게'가 아니다. '얼마 동안' 한 가지를 꾸준히 하느냐다. 실력을 결정하는 핵심은 꾸준함이다. 나는 단 한 권의 힘을 경험한 산증인이다. 중국어 공부를 할 때 어학원에서 쓰던 교재 외에는 어떤 것도 보지 않았다. 수업을 듣고 집에 오면 CD에서 불이 날 정도로 반복해서 들었다. 하루에 같은 내용을 못해도 15번 이상 들었다. 2쪽가량 되는 본문을 수십 번씩 반복해서 읽었다. 덕분에 중국어는 내가 내세울 수 있는 가장 확실한 장기가 되었다. 글쓰기도 마찬가지다. 나는 글쓰기를 업으로 하는 사람도 아니고, 대단한 필력을 가진 것도 아니다. 단지 매일 블로그에 한 편 이상의 글을 쓰겠다고 스스로 약속했고, 그 약속을 꾸준히 지켰다. 그리고 그 100일이라는 축적된 시간이 출판에 대한 꿈으로 이어졌다.

습관은 신호, 행동, 보상의 3단계를 거쳐 형성된다. 작지만 꾸준히 한 가지를 지속하기 힘든 이유는 보상이 미미하기 때문이다. 의지를 다지고 운동을 시작해도 몸은 쉽게 변하지 않는다. 힘만 들고 보상은 적으니 노력할 의욕이 생기지 않는다. 그렇다면 답은 나왔다. 눈에 보이는 확실한 보상을 만들면 행동을 지속할 동기 부여가 된다.

꾸준히 운동을 해도 몸무게나 체형은 쉽게 변하지 않는다. 운동 횟수는 어떨까? 팔 굽혀 펴기의 횟수를 조금씩 늘려가다보면 슬슬 재미가 붙는다. 30초도 못 버티던 플랭크를 2분씩, 3분씩 할 수 있게 되면 의욕이 생긴다. 매일 눈으로 확인할 수 있는 지표가 보인다. 외국어 공부도 마찬가지다. 당장 외국인과 대화를 할 수는 없지만, 매일 한 문장씩 일주일이면 일곱 문장을 외운다. 그 문장이 모이면 한 편의 글이 된다. 이런 식으로 보상을 스스로 정해야 한다. 눈에 띄는 확실한 보상이 있으면 똑같은 일을 반복적으로 지속하기 쉽다.

싱글 태스킹(single tasking)의 중요성이 바로 여기 있다. 한 가지 일에 집중하면 보상을 만들기 쉬워진다. 책 한 권을 100일 동안 100번 읽으면, 100권을 한 번씩 100일 동안 읽는 것보다 책의 내용을 더 빠르고 정확하게 외운다. 한 가지 잘하는 게 생기면 지속하고 싶어진다. 나는 좋아하는 책은 10번 이상 읽는 버릇이 있다. 그만큼 마음에 드는 책이라서 여러 번 읽어도 읽을 때마다 흥미롭다. 그리고 한 번 본 내용이라서 노력하지 않아도 내용이 머릿속에 잘 들어와서 더 좋다. 전자책으로 저장해서 이동 중에도 읽고, 화장실에서도 읽고, 친구를 기다리는 자투리 시간에도 읽는다. 좋은 글을 많이 읽으면 자연스럽게 좋은 글이 써진다. 나도 모르는 사이에 필력이 쌓인다.

보상은 사실 미미하다. 아무리 과하게 포장해도 미미할 수밖에 없다. 잠재된 결과는 꾸준함이 적당히 쌓여야 힘을 발휘한다. 그 순간은 언제가 될지 모른다. 하지만 단념하거나 싫증 내지 않고 지속하기만 하면, 그 순간은 반드시 온다. 그렇게 습관이 자리 잡으면 특별히 노력하지 않아도 누가 시키지 않아도 자연스럽게 반복하게 된다. 그리고 유용한 습관 하나를 정착시킨 사람은 가속이 붙어 점점 더 실력을 쌓아 노련해진다. 그래서 무조건 지금 당장 시작해야 한다. 한 가지를 지속하는 습관은 성공을 보장하는 가장 안전한 습관이다.

부족함, 결핍, 불편함은 행복으로 가는
가장 빠른 지름길

　나는 언제나 여행용 캐리어 하나로 살아간다는 마음가짐으로 산다. 생각이 행동을 지배한다. 부족함을 즐길 때 누릴 수 있는 자유는 무한대. 결핍의 아름다움을 느끼기 시작한다면, 누릴 수 있는 무한대의 자유와 삶이 매 순간 내 것이 된다. 가구도 결국 물건을 담아내기 위한 도구에 지나지 않는다. 물건을 담기 위해 물건을 늘릴 뿐이다.
　전자 제품은 노동 시간을 단축하여 생활을 편리하게 해주지만, 시간을 많이 벌 수 있다면 굳이 필요하지 않다. 각종 즐길 거리를 제공하는 제품도 마찬가지다. 조금만 능동적인 태도를 취하면 물건 없이도 충분히 즐겁게 시간을 보낼 수 있다. 콘솔 게임기나 TV 대신 공공재를 적극적으로 활용하는 방법도 있다. 도서관에 있는 무한대에 가까운 책과 잡지, DVD가 무료이고, 공원에 앉아서 그림을 그리고 글을 쓰면서 즐거움을 추구할 수도 있다. 소유하지 않아도 풍족하게 누릴 수 있다. 따라서 꼭 필요한 물건은 얼마 되지 않는다.

최소한의 먹거리, 약간의 옷가지, 누워 잘 수 있는 작은 공간, 간단한 의식주가 해결되는 정도로 충분하다. 가진 것에 만족하고 현재에 감사할 수 있다면, 상대방의 마음에 상처를 낼 일도 없고 누군가의 눈에서 눈물을 흘리게 할 일도 없다.

생존에 필요한 최소한의 물건만 있으면 충분하다. 최소한을 소비하고 최소한을 배출하면 흔적을 남기지 않는 황홀함을 경험할 수 있다. 더 가치 있고 풍요로운 삶은 물질적인 풍요로 이룰 수 없다. 필요한 건 나눔, 사랑, 자애, 베풂이다. 부족함과 결핍, 불편함은 주변에서 찾기 쉬운 가장 흔한 가치이자 행복으로 다가가는 가장 빠른 지름길이다.

없이 살기 시작하면 부족함에 익숙해진다. 결핍과 불편함이 일상이 된다. 그러면 작은 일에도 감사함을 느낀다. 작은 일에 감사하기 시작하면 하루하루가 더 행복해질 수밖에 없다.

여행하는 동안 숙소 시설이 열악해서 샤워를 며

칠간 못했던 적이 있다. 다음 숙소도 허름하긴 매한가지였지만 약한 수압에도 편안하게 물을 쓸 수 있다는 사실만으로도 감사하고 행복했다. 가스레인지조차 없던 기숙사에서 처음으로 전기 포트를 샀을 때 얼마나 기뻤는지 모른다. 조리 시설은 여전히 열악했지만, 나는 마치 모든 것을 다 가진 사람처럼 기뻤다.

풍족함과 편리함에 익숙해지면, 조금만 거슬리는 일이 있어도 참지 못한다. 그러면 당연히 불만과 불평도 일상이 된다. 없이 살아보자. 불편함을 미덕으로 여겨보자. 행복을 배로 늘리는 일은 생각보다 아주 가볍고 쉽다. 가진 게 없기에 있는 것들로 만족하고, 많이 갖지 않아서 가뿐하고 자유롭고 여유롭다.

편함에 기대기 시작하면 끝이 없다. 물건을 아무리 사도 늘 갖고 싶은 욕망은 채워지지 않는다. 조금씩 불편함을 즐기기 시작하면 삶은 몰라보게 간소하고 평화로워진다.

침대를 사용하는 사람들은 침대 없는 침실을 상상하기 힘들다. 하지만 몸은 변화에 금방 적응한다.

수면의 질을 결정하는 것은 매트리스의 푹신함이 아닌 개인의 심리 상태, 정서, 건강한 육체와 정신이다. 가구에 대한 강박을 놓아버리면 침대, 소파, 식탁 같은 것들이 굳이 있어야 하는지 의문이 생긴다. 어떤 것이 반드시 있어야 한다는 기준은 광고가, 사회가, 인테리어 잡지가, 주변 동료들이 떠들어대는 그들의 지극히 개인적인 주관이다. 기준은 스스로 만들어야 한다. 나는 기준 파괴자다. 물질 사회가 정해놓은 틀 속에서 이단이 되는 해방감은 생각보다 더 짜릿했다.

침대가 없으면 물론 불편하다. 이불을 개고 펴야 하고 정리해야 한다. 하지만 육중한 가구가 차지하던 자리를 얻었고, 더 부지런해졌고, 수면의 질도 좋아졌다. 전자레인지가 없는 자취는 상상할 수 없을 것 같지만 막상 없애고 나면, 음식은 그날 요리해서 더 신선하게 먹고, 몸에 해로운 가공식품을 먹지 않게 되고, 차갑게 먹고 싶지 않다면 함부로 음식을 남기지 않게 된다.

불가피한 불편을 감수하다보니 깨닫고 얻는 게 더 많아졌다. 컵이 하나밖에 없으면 사용할 때마다 설거지해야 하는 불편함이 있다. 하지만 설거짓거리가 쌓이지 않고, 작은 수납장 하나로도 충분할 수 있는 장점도 있다. 화장품과 옷이 몇 가지밖에 없으면 그때그때 다양한 연출을 하기 힘들다는 아쉬움은 있지만, 그 대신 맞춘 듯 내게 꼭 맞는 스타일을 알게 되어 늘 빛나는 모습을 유지할 수 있다. 그뿐 아니라 아침마다 뭘 입을지 고민할 필요가 없어지고, 내게 더 가치 있는 일에 시간과 돈을 투자할 여유가 생긴다. 정기적으로 정리하고 버리고 처분하는 일에 에너지를 낭비하지 않아도 된다.

작은 생활, 소박한 라이프 스타일은 불편함에서 시작된다. 불편함을 견뎌낸 사람은 당당하게 자유를 요구할 수 있다. 홀가분함을 경험한 사람에게 불편함은 오히려 삶을 심플하게 만들어주는 훌륭한 동반자다.

결함은 축복이다

나는 부족한 내가 좋다. 완벽하지 않은 나에게는 무엇이든 배움의 대상이 된다. 결함도 많고, 못하는 일도 많고, 행동도 어설프고, 실수도 종종 한다. 그래서 늘 겸손과 열의를 가지고 열정적으로 임한다. 부족하기에 채우기 위해 매일 노력하고, 조금만 노력해도 발전한다. 느리기에 움직임 하나하나가 성장의 발판이 된다. 내일의 나는 오늘의 나보다 언제나 더 나은 사람이다.

세상의 모든 새로운 일이 배움이 되면, 타인의 말 한마디도 배움의 자세로 경청한다. 완벽하다면 노력해도 티가 나지 않을 것이다. 잘났다면 모든 일이 시시할 것이다. 부족하고 미흡하기에 조금만 잘해도 뿌듯하고 스스로가 대견스럽다. 칭찬할 일도 덩달아 많아진다.

한 발자국만 떼도 성장이 눈에 보인다. 완벽하지

않아서 정말 다행이다. 내가 삶 속 비움을 늘 강조하는 이유도 같은 맥락이다. 아무것도 없는 빈 공간은 채워야 할 무한대의 공간이기도 하다. 미세한 변화만으로도 분위기가 달라진다. 빈 공간은 발전과 성장의 바탕이 되는 창조력을 유도한다. 비우면 채워야 할 단 하나의 진정한 가치가 보인다.

우리는 현재 풍요 속에 살고 있지만, 감사함은 결핍과 가난을 경험한 과거보다 덜하다. 매일같이 쏟아지는 정보, 물건, 소식, 지식은 진정으로 중요한 가치마저 덮어버렸다. 양은 늘어났지만 품질은 발전이 없다. 아무것도 하지 않고 아무 말도 하지 않는 시간은 사라졌다. 어떻게든 빈 공간이 보이면 가득가득 채우려 한다. 침묵은 어색한 웃음으로, 시간은 생산성으로 메워야 한다는 압박 속에 산다.

나는 결핍이 풍요라고 말했지만, 사실 결핍은 결핍일 뿐이다. 결핍이 풍요가 되는 것은, 결핍을 경험하면서 지금까지 누려온 풍족함을 되짚는 과정에 있다. 아름다운 피조물이 있어도, 잡동사니로 가득찬 공간에 있으면 똑같이 잡동사니가 된다. 보석으로 치장된 집도 지나치면 쓰레기 더미와 다를 바 없다. 소박한 들꽃 한 송이라도, 여백이 많고 반짝반짝 빛나는 마룻바닥 위에 놓이면 작품이 된다. 스스로가 부족한 사람이라는 생각이 들면, 그 부족함이 가져다줄 성장을 떠올려야 한다.

결함은 잠재력이다. 무언가 부족하다는 것은 올라갈 일만 남았다는 뜻이다. 정상이 까마득한 만큼, 매일 한 계단씩 오르면서 조금씩 더 넓은 세상을 더 나은 경치를 보게 된다. 오늘 올려다볼 정상은 어제보다 조금 더 가깝다. 내가 그동안 올라온 계단이 성공이다. 시작점부터 다른 누군가와 비교하는 것은 부질없다. 굳이 경쟁을 하고 싶다면, 도착점을 비교하기보다는 올라간 거리를 비교해야 한다.

내가 목격한 행복한 사람들은 결함이 많은 사람들이었다. 얼굴에 화상도 있고, 말투도 어눌하고, 이해력도 느렸다. 돈을 많이 버는 대기업에 다니지도 비싼 차를 타지도 않았다. 보편적으로 말하는 성공 기준과는 거리가 멀었지만 삶의 만족, 성장에 대한 감사, 사소한 일상의 즐거움을 더 많이 느끼고 있었다. 그들의 시작점은 오히려 나보다 더 뒤처졌었다. 시작은 내가 좀 더 빨랐지만 탓하고 원망하고 핑계 대는 사이, 그들은 느릿느릿하게 조금씩 꾸준히 매일같이 걸었고, 결국 나를 따라잡았다. 성장은 그들을 행복한 사람으로 만들었다. 결함은 성장과 발전을 지속할 동력이다. 부족함은 자신을 더 사랑할 계기가 된다.

최고의 노후 준비는 내가 가진 향기와 색깔

지속적인 삶을 유지하고 행복한 노후를 보내려면 무엇을 준비해야 할까? 돈, 유명세, 차, 집? 아니다. 정말 필요한 것은 자신만의 '향기'와 '색깔'이다. 이 향기와 색깔을 갖추려면 전문성이 있어야 하고, 다른 사람에게 가르침과 긍정적인 영향을 줄 수 있을 정도로 노련해야 한다. 그것은 대체로 물리적 형태가 없다.

재치 있는 언변, 독창적인 아이디어, 힘과 영감을 주는 대화, 이타적인 마음, 타오르는 열정, 아름다운 목소리, 즐거움과 감동을 주는 글······. 목록은 만들기 나름이다. 재능은 있어도 좋고 없어도 상관없다. 단지 좋아하는 열정과 꾸준히 오랫동안 해낼 집념이 있으면 된다. 어떤 것이든 향기가 되고 색깔이 된다. 그리고 그 향기와 색깔을 위해 혼신을 다해야 한다.

어떤 사회적 기준과 남들이 말하는 행복의 조건 앞에서도 흔들리지 않고 자신의 가치관과 신념을 지켜내기 위해서는 반드시 자신만의 향기와 색깔을 알아야 한다. 자신만의 향기와 색깔을 누구에게라도 자신 있게 설명할 수 있다면, 어떤 순간에도 무너지지 않을 수 있다. 쓰러져도 금방 다시 일어설 수 있다.

나는 약 두 달이 넘는 기간 동안 매일 블로그에 글을 쓰면서 단 한 번도 그 일이 힘들다고 생각하지 않았고, 억지로 했던 적도 없다. 하지만 결코 쉬운 일은 아니었다. 글감이 떠오르지 않아 고심한 적도 있고, 쓴 글이 마음에 들지 않아 속상한 적도 있다. 그러나 좋아하는 마음과 성취감이 있었기에 지속할 수 있었다.

시간이 없다는 말은 그 일이 우선순위가 아니라는 뜻이다. '시간이 없어서 하지 못했다'는 말은 언제나 진실이 아니다. '하기 싫어서 하지 않았다'거나 '내게 중요하지 않았다'는 게 진실이다.

진정으로 원하는 일이라면, 언제 어디서건 시간이 나면 어떤 방식으로든 그 일을 하기 위해 물리적 공간과 시간적 여유를 만든다. 내가 하루 종일 일에 시달리고 집에 돌아와서도 책상 앞에 앉아 글을 쓸 수 있었던 이유다. 좋아하는 일이고 해내고 싶다는 욕심이 있다면 시간은 생긴다. 중요한 일이고 가치 있는 일이라면, 찌꺼기처럼 남는 시간일지라도 아끼고 모아서 만들 수 있는 게 시간이다. 격식을 차리면서 하지 않아도 된다. 완벽하지 않을 수 있다. 이게 다 무슨 소용일까 부질없게 느껴지고, 끝이 보이지 않는 아득한 도전 같지만, 가다보면 마지막 조각까지 몇 걸음 남지 않았다. 그렇게 작품 하나를 완성하고 나면, 그리 어려운 길이 아니었음을 알게 된다. 완벽하지 않았지만 지속하길 잘했다는 생각이 든다.

한 분야에서 뛰어난 역량을 발휘하고 일정 수준 이상의 지명도가 있는 사람들은 대체로 단순한 삶을 추구한다. 그러다보니 옷차림은 수수하고 늘 같은 옷만 입기도 하고, 화장도 연해지고 자신 본연의 모습 그대로에 점점 더 가까워진다. 소박한 옷차림과 민낯으로 돌아간다.

하지만 그들은 결코 평범하지 않다. 흔하지도 않

다. 오히려 개성이 너무 도드라져서 저 멀리 군중 속에 파묻혀 있어도, '저 사람이다!' 하고 단번에 찾아낼 수 있을 만큼 자신만의 향기와 색깔로 반짝반짝 빛난다. 말투, 목소리, 확신에 찬 태도, 생기 넘치는 표정 등이 말해준다. 내 주위에는 그런 사람들이 많다. 그래서 나는 복이 많다고 생각한다.

학교에서 학생들을 가르치는 선생님들은 공부를 많이 한 사람들이다. 학생들을 올바른 방향으로 인도하고, 그들에게 긍정적인 영향을 주고자 매일 노력한다. 하지만 옷차림은 정말이지 수수하다못해 초라하기까지 한 선생님들이 많다.

내 스승 중 한 분은 매일 한결같이 검은색 면바지와 회색 폴라 티에 비슷한 색상의 진한 코트를 입고, 구두도 검정 구두만 신는다. 그래도 스승님 얼굴은 항상 빛이 난다. 초라한 옷차림도 예쁜 얼굴은 숨길 수 없다. 염색도 화장도 하지 않고 수수한 차림으로 다니지만 아무도 그분을 남루하게 보지 않는다.

명품 옷과 명품 가방, 비싼 화장품이 나의 가치를 높여주지 않는다. 가방, 화장, 옷으로 치장한 가치는 물건이 없어짐과 동시에 그 가치도 함께 사라진다. 물질에 의존하지 않고 본질과 가치에 집중하면, 남들은 설령 당신의 진가를 알아보는 데 시간이 걸리더라도 오래도록 그것을 기억할 것이며, 시간이 흐를수록 그 진가를 발휘할 것이다.

사람이 지닌 고유의 향기와 색깔은 우열을 가릴 수 없다. 절대적인 하나의 지표다. 나보다 돈이 많거나 유명하거나 넓은 집을 가진 사람은 많다. 하지만 내가 가진 '색깔'과 '향기'는 제아무리 돈이 많고 호화로운 집을 가졌어도 가지지 못한다.

자신만의 향기와 색깔은 세상에 단 하나뿐이다. 이 향기와 색깔은 하루아침에 얻을 수 있는 게 아니다. 끊임없이 스스로 대화하고 질문하고 발굴하고 연마해야 한다. 그리고 작게라도 실천하고 행동해야 한다. 그렇게 지속하다보면, 매일 조금씩 앞으로 나아가는 길을 즐겁게 걷다보면, 어느새 원하는 인생에 조금씩 가까워진다.

키워야 할 단 한 가지 능력, 자기애

 정신 질환은 현대인이 평생 안고 가야 하는 숙명과 같다. 누구나 정도의 차이만 있을 뿐 정신 질환을 가지고 살아간다. 현대 사회는 복잡하고 각박하다. 치열한 경쟁 속에서 생존하기 위해 버둥대고, 인정받기 위해 도태되지 않기 위해 자신을 채찍질해야 한다. 여유 없는 이 사회에서 자유롭기 위해서는 강해져야 한다. 그리고 그 어떤 자질보다 반드시 몸집을 키워야 할 한 가지가 있다. 바로 '자기애'다. 자기애는 인생의 크고 작은 문제를 해결할 힘을 주고, 삶의 질을 높여주고, 행복과 만족의 부피를 키워준다.

 생각보다 많은 사람들이 자신을 사랑하는 마음인 '자기애'를 쉽게 지나친다. 자기애는 중요하지 않다고 생각하는 사람은 없다. 하지만 영어 공부를 하고 자격증을 취득하고 승진하기 위해 매진하는 것에 비해, 자기애를 위한 투자는 아주 적다. 자신을 사랑하는 마음은 자신감으로 이어진다. 자신감은 높은 자존감으로 이어진다. 힘겨운 도전 과제를 만나도 좌절하지 않고 다시 일어설 수 있는 힘을 준다. 나를 사랑하는 마음이 충만한 사람은 자신을 함부로 하지 않는다. 자신을 소중히 여기기에 행동 하나하나 늘 조심스럽고 신중해진다. 타인에게 함부로 말하지 않고 험담하지도 않는다. 소중한 자신의 가치를 낮추고 싶지 않기 때문이다.

자기애가 강한 사람은 자기 파괴적인 행동을 하지 않는다. 자책하지도 않고 스스로를 몰아세우지도 않는다. 실수를 해도 용서하고 실패를 경험해도 용기를 북돋을 수 있는 말을 건넨다. 자신을 사랑하는 사람은 함부로 먹고 마시고 몸을 방치하지 않는다. 그래서 병에도 잘 걸리지 않는다. 자기애는 자신을 가꾸는 마음으로 이어진다. 건강한 음식을 먹고 땀을 흘리고 운동하는 습관은 동기 부여가 필요한데, 자기애가 강한 사람은 따로 동기 부여가 필요 없다. 자신을 사랑하는 마음, 그 자체가 지속하는 힘이 된다.

자기애는 수많은 정신 질환을 해결한다. 있는 모습 그대로 나를 인정하고 받아들이는 마음은 여유를 준다. 여유가 있는 사람은 불안감과 두려움이 많지 않다. 불안 장애, 공황 장애, 대인 기피증 등은 모두 여유 없는 마음에서 비롯된다. 자기애는 강박증도 해결한다. 완벽하지 않아도 나 자체로 좋기 때문에 반드시 해야 하는 일도, 머릿속에 짜인 계산도 없다. 나를 사랑하는 마음은 나의 행복에 집중하게 한다. 행복을 우선시하면 매일매일 나를 행복하게 하는 사소한 즐거움을 발견한다. 그렇게 모은 작은 행복은 나만의 안전지대가 되고, 힘들고 지칠 때 하나씩 꺼내 쓸 수 있는 구호품이 된다.

그 누구도 나보다 나를 더 사랑할 수 없다. 나는 나의 가장 큰 버팀목이자 든든한 아군이다. 자기애가 튼튼한 사람이 남도 더 사랑할 수 있다. 남이 아무리 잘한다고 칭찬하고 인정해줘도 내가 나 자신을 품어주지 않으면 결코 만족할 수 없다. 내가 항상 나에게 '넌 최고야'라고 말해줄 수 있다면 더는 주변의 평가와 판단에 휘둘리지 않는다.

'나'를 사랑하는 마음은 우리가 가장 많은 노력

과 시간을 투자하고 훈련해야 할 자질이다. 자기애에 투자한 노력과 시간은 절대 배신하지 않는다. 실패할 수 없는, 성과가 보장된 투자다.

당신, 지금 행복한가요

 인간의 생은 유수처럼 잠시도 쉬지 않고 흘러간다. 매일 매 순간 좋아하는 일을 하며 가슴 뛰는 삶을 살지 않는다는 것은, 또 하루의 남아 있는 시간을 흘려보내는 셈이다. 죽음의 그림자가 눈앞에 다가왔을 때, 병상에 누워서 지난날을 돌아보며 후회하고 싶지 않다. 죽음을 앞두고 살아생전 도전하지 못한 일, 용기 내지 못한 열정을 떠올리는 순간을 생각해보면, 지금 느끼는 두려움이나 고민이 과연 앞길을 막을 만큼 중요한 것일까? 분명 병상에 누운 나 자신은 그 어떤 고난과 주위의 손가락질과 수치심에도 다시 도전하고 용기 내고 과감하게 맞서라고 말할 것이다.
 좋아하는 일을 하며 하루하루가 행복한 삶은 꿈이나 이상이 아닌 현실이며, 오늘, 지금, 이 순간에 누려야 할 권리다. 일분일초라도 불행을 감내해야 할 이유가 없다. 미래의 안정된 삶을 이유로 원하지 않는 일에 시간을 보내는 것은 불행을 포장하기 위한 구실에 불과하다. 안정을 위해 포기하고 희생한 하루는 1년이 되고, 1년은 10년이 된다. 그리고 그렇게 날아간 10년은 두 번 다시 돌아오지 않는다. 환불도 교환도 할 수 없다. 시간은 그 자리에서 쓰고 끝이다. 누구에게나 공평하지만, 공평함을 안일하게 봤다가는 독이 된다.

빌 게이츠도 이건희도 방구석에서 글을 쓰는 나도, 무엇 하나 비슷한 점 없는 세 사람이지만 '시간' 만큼은 공평하게 가졌다. 내가 단 하루도 빠짐없이 매 순간 가슴 뛰는 일을 하고, 아침에 눈을 뜨는 일이 즐겁고, 매일매일 살아 있음을 강하게 느낀다면, 내 시간은 온전히 내 것이 된다. 그래서 나는 자유를 볼모 잡혀 내 시간을 희생하지 않을 것이다. 어떤 어려움과 시련이 찾아와도, 목숨을 위협하는 파도를 만나도, 나는 지금 당장 내가 하고 싶은 일, 내 가슴이 뛰는 일을 한다. 할 수 있는 모든 노력을 다해서 꿈을 이룰 것이다.

'안전한 길'을 가라는 주위의 목소리가 들려온

다. '복잡하게 생각하지 말고 취업해'라는 동료들의 이야기가 귀를 타고 들어온다. 나는 월차만 손꼽아 기다리는 인생을 살지 않는다. 매일매일 월차보다 더 기다려지는 인생을 산다. 출근하자마자 퇴근을 기다리는 삶은 내 것이 아니다. 매일 아침 출근할 생각을 하면 웃음이 터져 나오는 삶이 내 삶이다. 일은 결코 즐거울 수 없다는 공식이 우리 사회에는 존재한다. 취미가 일이 될 수 없다고 말하는 사람은, 그럴 용기와 능력이 없고 가진 것을 내려놓을 도전 정신이 없는 사람이다. 그래서 자신이 가지지 못한 용기와 열정을 가진 사람들을 폄하하기 위해 공식을 만든다.

스스로에게 한번 물어보자. 지금 행복한가? 지금 하는 일이 성장과 성취욕을 충족하는가? 매일매일 살아 있음을 느끼는가? 행복하지 않은 일을 하는 이유가 무엇인가? 그 희생에 합리적인 이유가 있다면 괜찮다. 하지만 그것이 혹여 돈, 노후, 다가오지 않은 미래 때문이라면 자신 있게 그만두라고 말하고 싶다.

일정한 수입이 필요하기에 지금 하는 일을 그만

둘 수 없다면 최저 생활비를 줄여보자. 한 달간의 지출 내역을 정리하고, 새어나가는 돈이 있다면 출처를 명확히 한다. 식비, 교통비, 휴대폰 요금, 인터넷 요금 등은 줄이기 힘든 비용이다. 물론 혼자 사는 사람이라면 공과금이나 집세 등 주거비도 포함될 것이다. 이 모든 비용을 취합해보면 그 정도 돈을 벌 수 있는 일자리는 얼마든지 있다.

노후에 대한 걱정이 지나치면 현재는 영영 내 것이 될 수 없다. 미래에 대한 불안이 오늘을 살아가는 우리의 삶을 불행하게 한다. 그 불행의 무게가 노후의 행복보다 가볍다면, 지금의 희생도 분명 값지다. 하지만 그 불행의 무게가 미래의 안정보다 더 묵직하다면, 그토록 갈망하는 행복한 미래는 영영 오지 않는다.

최저 생계비 정도를 받는 일자리조차 얻기 힘들다면 귀농하는 방법도 있다. 도시에 사는 것보다 적은 최저 생계비로도 생활이 가능하기 때문이다. 소박한 밥상, 간소한 짐, 가벼운 마음만 있다면 두려울 것이 없다.

내 앞을 막을 수 있는 것은 신과 죽음뿐이다. 약

간의 먹을 것과 마실 물, 덮을 이불과 비를 피할 지붕만 있다면, 그걸로 차고 넘치는 생활을 할 수 있다. 아침에 눈을 떠서 맞는 햇살도 공짜고, 산책하며 흥얼거리는 콧노래도, 도서관에 앉아서 읽는 책도, 넓은 강가를 바라보는 내 눈도, 어디든 갈 수 있는 두 다리도, 예쁘고 상냥한 말을 주고받을 수 있는 내 입도 공짜다. 세상에서 정말 값진 것들은 사실 전부 공짜다.

무엇이 더 필요할까? 집, 차, 화장품, 보석, 옷, 최신 전자 제품, 고급 가구……. 이것들이 언제까지고 나의 행복과 안위를 보장해줄까? 한순간의 쾌락보다 불변의 행복을 추구해야 한다. 부족함과 결핍을 즐기고 가진 것에 감사하기 시작하면 행복은 너무 쉽다.

미래를 위해 행복하지 않은 일, 스트레스 주는 상사, 성장이 없는 도돌이표 직장, 나를 아프게 하는 관계를 감수하지 말자. 자신을 희생하지 말자. 세상 끝까지 나와 함께하는 것은 결국 '나' 자신이다. 자신을 존중하고 사랑하면 희생 앞에서 신중해진다. 고생과 희생은 다르다. 고생은 해야 한다. 성취와 성장에는 피, 땀, 눈물이 뒤섞인 고생이 따른다. 그저 하루하루 나를 죽이면서 사는 것은 희생이다. 고생은 즐겁다. 몸이 부서져도, 지독하게 배가 고파도, 마음이 풍요롭다. 고생은 나의 이상을 더 돋보이게 해준다.

미련이 많을수록 욕망이 깊을수록 자유와 멀어진다. 누군가에게 굽실거려야 하고, 제자리걸음만 하는 직장을 다녀야 하고, 남의 비위를 맞추기 위한 일만 한다. 혼자가 두려운 사람은 사람 앞에서 늘 전전긍긍한다. 하지만 혼자서도 마냥 즐겁기만 한 사람은 사람 앞에서 여유가 넘친다. 쇼핑에 중독된 상황은 돈이 없는 상황이 두렵다. 하지만 돈 없이 사는 사람은 돈을 벌어야 한다는 압박도, 돈이 없는 상황에 대한 공포도 없다.

불편 앞에서 익숙해지고 부족함을 즐기기 시작하면, 원하는 인생을 살 수 있다. 물리적으로 자유로워지면 정신도 자유로워진다. 자유로워진 신체와 정신은 이상을 현실로, 하루를 온전히 내 것으로 즐길 수 있는 디딤돌이 된다. 필요하지도 않은 물건, 목적을 상실한 공간과 이별하면, 오늘을 희생하며 돈을 벌기 위해 고군분투할 필요도 없다. 단, 자신을 계발하는 일은 멈추어서는 안 된다. 끝없이 발전시키고 앞으로 나아가며, 능력과 기술을 연마해서 전문가가 되어야 한다. 단 한 가지라도 자신 있게 전문가라고 자부할 수 있는 분야가 있으면, 언제 어디서든 당신의 든든한 지원군이 되어준다. 통장 잔고, 집, 보험보다 확실하게, 황금알을 낳는 거위처럼 당신의 정체성과 생계를 책임져준다.

그 어떤 것도 당신의 행복을 막을 권리는 없다. 돈 때문에, 내 집 마련 때문에, 물건 때문에, 오늘을 지금을 희생하고 있다면, 과연 그럴 만한 가치가 있는지 진지하게 질문해보자.

내가 이 세상에 태어난 이유가 돈, 집, 차를 얻기 위해서인가?

내가 살아야 할 이유가 정말 그뿐인가?

누구나 인생에 대한 철학, 살고 싶은 이상적인 삶과 가치관이 있다. 이것이 진정으로 고민해야 할 물음이다. 돈을 어떻게 벌지, 돈을 얼마나 벌지보다 더 중요하다. 지금 당장 진지하게 고민해야 한다.

미니멀리즘을 완성하는 단 하나의 조건은 본질을 보는 안목

사람들은 시각적인 효과에 시선을 빼앗기지만, 그 시선이 오래 머무는 건 당장 눈에 띄는 자극적인 화려함보다 고즈넉한 아름다움과 꽉 찬 내면이다. 머릿속에 오래도록 남는 사람은 재치, 현명함, 따뜻함, 창의력, 배려심을 지닌 사람이다. 표면이 아닌 본질적 가치를 보는 안목이 있으면 문제 해결 능력이 확연히 달라진다. 옷과 화장품으로 치장한 아름다움은 시간이 지나면 바래고 상황과 여건에 따라서 쉽게 변한다. 소박하지만 건강한 식습관과 꾸준한 운동으로 가꾼 몸매와 피부는 사람을 반짝반짝 빛나게 만드는 밑거름이 된다.

몸매가 좋으면 옷맵시는 자동적으로 따라오게 되어 있다. 매일 같은 옷을 입어도 늘 빛난다. 피부가 좋으면 화장을 최소한으로 해도 화려하게 화장한 얼굴보다 더 빛난다. 옷, 화장품, 인테리어 용품을 사는 데 쓰는 시간과 돈을 피부를 가꾸고 몸을 돌보고 청소를 하고 독서를 하는 데 써보자. 중요한 건 겉으로 보이는 포장이 아니라 속에 담고 있는 내용물이다.

화려한 언변보다 독서와 명상으로 단련된 우직한 현명함이 사람을 더 빛나게 한다. 본질에 집중하기 시작하면 관점이 달라진다. 별장이든 원룸이든 오두막집이든 텐트든 결국 사람이 몸을 눕히기 위한 공간이다. 형태는 달라도 본질은 같다. 외제 차든 경차든 자전거든 오토바이든 결국 이동하기 위한 수단이다. 형태만 다를 뿐 기능을 놓고 보면 본질은 하나다. 물질적인 풍요가 주는 행복은 한정적이다. 아무리 가져도 끝이 없기 때문이다. 새로운 물건은 계속해서 생기고 나보다 더 많이 가진 사람도 늘 있게 마련이다.

내면의 풍요로움은 눈에 보이지 않는다. 그래서 쉽게 비교할 수도 없고, 그 가치를 함부로 측정할 수도 없다. 그러나 내면의 풍요는 물질적 풍요와 달리, 본질적인 변화와 온전한 행복을 가져다준다. 독서로 내면을 기름지게 가꾸고, 지구의 환경과 건강을 생각하여 먹거리를 선택하고, 자원을 아껴 쓰는 행동들은 비록 사소한 행동이지만 내면을 풍요롭게 하며 나를 크게 변화시킨다.

2부
버리고 비우는 법

옷

나는 검정, 흰색, 아이보리, 남색 옷을 즐겨 입는다. 패턴이 화려하거나 색깔이 있는 옷은 기분 전환용으로 몇 벌만 가지고 있다. 모노톤의 의상은 활용도가 높다. 활용도가 높은 옷은 적은 가짓수로도 다양하게 연출할 수 있다. 두세 벌로 예닐곱 가지 코디도 가능하기 때문에 옷장의 크기를 현저히 줄일 수 있다.

물건의 규모를 줄이고 '작은 생활'을 시작하자 터질 듯한 옷장에 일종의 트라우마가 생겼다. 그래서 옷장 크기를 양팔을 벌려 안을 수 있을 정도로 유지하려고 노력한다. 모든 옷이 한눈에 바로 들어와 파악할 수 있어야 입지 않는 옷이 생기지 않고, 또 모든 옷을 120퍼센트 활용할 수 있다.

무채색에 기본 디자인을 추구하는 또 다른 이유는 오래 입을 수 있기 때문이다. 무채색은 색감이 안정적이고 눈을 편안하게 해준다. 기본 디자인은 오래 입어도 싫증나지 않는다. 고품질이 아니어도 웬만해서는 티가 나지 않고 고급스러워 보인다. 독특한 디자인이나 원색 계열의 옷은 소재가 안 좋거나 품질이 떨어지면 싸구려 티가 난다. 비싼 것과 저렴한 것의 경계도 심한 편이다. 하지만 자연스러운 색상과 베이직한 디자인의 옷은 어디서 사든 가격이 비슷하고 품질도 큰 차이가 나지 않는다.

신기하게도 옷장을 줄였는데 옷은 더 잘 입게 되었다. 과거에 옷이 많았을 때는 종종 필요한 옷을 못 찾아서 색깔이 매치되지 않거나 위아래가 어울리지 않는 옷을 입고 나가 우스꽝스러운 모습으로 비쳤던 적도 있다. 지금은 나만의 스타일이 확고하게 생겼고, 매일같이 입고 다니는 옷은 모두 옷장 안에 질서정연하게 걸려 있다. 옷더미 속에 파묻힌 옷을 찾느라 아침을 거르기 일쑤였던 과거와 달리, 지금은 무엇을 입을지 정확하게 알기에 옷 고르는 데 시간을 낭비하지 않는다. 옷이 몇 벌 없어서 늘 깨끗이 관리하고 새것처럼 입는 덕분에 오히려 그 옷 어디서 났느냐, 색깔이 참 잘 어울린다는 칭찬을 많이 든다.

  옷을 못 입는 사람일수록 옷의 가짓수를 줄여야 하고, 정리를 못하는 사람일수록 물건의 절대량을 줄여야 한다. 이것은 절대 진리다.

음식

내게 먹는 즐거움은 그다지 중요한 가치가 아니다. 설거지도 싫어한다. 수세미, 고무장갑, 세제 등 짐이 느는 것도 별로 달갑지 않다. 집 안을 깨끗하게 유지하고, 건강한 재료로 영양가 있는 음식을 먹는 게 더 중요하다.

일주일 내내 같은 음식을 먹는다. 그래도 싫증이 나지 않는다. 좋아하는 음식을 먹기 때문이다. 한 가지에 꽂히면 내리 그것만 먹는다. 5일 내내 국수만 먹을 때도 있고, 하루 종일 과일만 먹을 때도 있다. 샐러드는 대표적인 웰빙 음식이지만 양상추나 양배추를 싫어해서 그 대신 상추를 먹는다. 몸에 좋다고 솔깃해서 먹으면 얼마 안 가 질린다.

매일 같은 음식을 먹으면 장을 보고 요리하는 데 들이는 시간과 수고를 줄일 수 있다. '오늘 뭐 먹지? 내일 아침은? 저녁은? 다음 날은 또 뭐 먹지?' 또는 영양에 대해 고민하는 시간이 들지 않는다.

반찬은 한 가지 이상 만들지 않는다. 요리 과정은 나도 예측할 수 없다. 대체로 냉장고 속 남은 재료를 처분하다보면 요리가 하나 나온다. 미역국을 한 솥 끓여놓고 4~5일 내내 아침부터 저녁까지 먹기도 한다. 요리 이름도, 제대로 된 레시피도 없지만, 내 입맛에만 맞으면 된다. 5일 동안 국수만 먹은 이유는 쌀 씻고 밥하기 귀찮아서였다. 마침 남은 국수와 라면 사리가 있기에 삶아서 냉장고에 있는 야채랑 양념장을 넣고 비벼 먹었다.

'한 그릇 요리'를 먹으면 설거지도 대폭 줄일 수 있다. 덮밥이나 국수 종류를 제일 많이 먹지만, 밥과 반찬을 먹을 때도 접시 하나에 함께 담는다.

냉장고에는 그날 먹을 야채, 사과 정도밖에 없다. 과일과 견과류만 잘 구비해놓아도 시장기가 돌 땐 요기가 된다. 오래 보관하는 음식은 말린 과일과 얼린 과일 정도다. 양념이나 감미료, 소스를 제외하고 가공식품도 잘 먹지 않는다. 건강을 중요시하기도 하지만, 복잡하고 번거로운 과정을 싫어하는 내게 가공식품은 쓰레기를 배출하고 분리수거해야 하는 번거로움을 주는 존재다.

조리 과정을 최소화한 자연식은 장점이 많다. 자연 그대로의 색과 모양이 보는 즐거움을 줄 뿐 아니라 설거지도 줄여준다. 기름 없이 조리한 야채와 과일을 담았던 그릇은 흐르는 물로 헹구기만 해도 설거지가 된다. 껍질째 먹는 과일은 음식 쓰레기도 나오지 않는다. 오렌지나 귤은 껍질을 말려서 방향제로도 활용한다. 또 조미를 하지 않는 요리는 건강에 좋다. 몸이 가볍고 몸에 노폐물이 쌓이지 않아 피부도 좋아진다. 조리 과정을 생략하면 레시피를 찾고, 필요한 재료를 기억하고, 장을 보고, 재료를 다듬고, 요리하는 모든 번거로운 과정에서 벗어날 수 있다.

외식과 가공식품 섭취를 지양하고 자연식을 추구하면 생활비 절감에도 도움이 된다. 식재료 하나 허투루 쓰지 않기에 남기거나 버리는 재료가 없다는 점에서도 매우 경제적이다. 채소나 야채를 조리하는 데 필요한 건 냄비 하나와 작은 프라이팬 정도다. 전자레인지, 오븐, 그릴 같은 조리 도구나 주방용품이 필요 없기에 부엌을 정갈하고 청결하게 늘 정돈된 모습으로 유지할 수 있다.

심플하게 먹는 즐거움

 유럽에 갔다 온 지 며칠 안 된 어느 날이었다. 오빠랑 패스트푸드점에 들러 햄버거를 먹는데 얼굴에 불긋한 반점이 나타나기 시작했다. 집으로 돌아와 거울을 보고는 놀라서 울음이 터졌다. 너무 무서웠다. 피 검사를 하고 알레르기 반응도 확인했으나 아무 이상 없었다.

 의사는 밀가루와 고기를 조심하라고 했다. 그때부터 붉은 고기를 잘 먹지 않게 됐다. 나는 선천적으로 소화 기관이 약하고, 고기나 유제품을 먹으면 꼭 탈이 났다. 인간의 몸이 육식에 완벽하게 적응하기에는 인류가 육식을 한 역사가 너무 짧은 걸지도 모른다. 고기만 먹으면 소화가 안 되고 우유를 한 잔만 마셔도 체하는 나에게는, 적어도 내 몸에는 육식이 자연스럽지 않은 것이 확실하다. 육식뿐만 아니라 가공식품을 비롯해 첨가물이 많은 음식도 먹으면 몸에서 바로 반응이 나타난다. 가공을 최소화한 음식은 내게 생존을 위한 선택이다.

조리가 쉬운, 때로는 조리 자체가 필요 없는 과일과 채소는 미니멀하고 단순한 삶을 추구하는 내게 안성맞춤이다. 세제를 쓰지 않으려고 식용유도 잘 안 쓰는데 기름이 뚝뚝 떨어지는 고기를 즐길 리가 없다. 조리하는 과정도 귀찮고, 무엇보다 요리로 인해 부엌이 지저분해지는 것이 정말 싫다. 뒷정리도 해야 하고, 재료 손질을 하려면 잡다한 물건도 그만큼 더 필요하다. 과일은 물로 씻어서 껍질만 까면 바로 먹을 수 있고, 어떤 과일은 껍질조차 벗길 필요도 없다. 수고로움이 일반 요리의 반도 안 들어간다. 무엇보다 육식을 하지 않으면 마음이 편하고 속도 편하다. 내 마음이 편하면 된 것이다.

그리고 나는 채소와 과일이 좋다. 먹어야 해서 먹는 것보다 예뻐서 먹는 이유도 있다. 보고만 있어도 눈이 즐거워진다. 형형색색의 과일과 야채는 자연을 닮아 파랗고 노랗고 빨갛다.

채식과 자연식을 생활화하면 자신의 몸에 귀를 기울이게 된다. 과식을 절대 할 수 없다. 음식과 사이가 좋지 않았을 때 나는 종종 감정을 음식에 쏟아부었다. 분노, 외로움, 허전함······. 주로 부정적인 감정이 들 때면 무언가를 먹어야 했다. 그리고 이 연결 고리는 끊기 힘들었다. 의지가 약해서도 특별히 식탐이 많아서도 아니었다. 그 음식들이 죄다 끊을 수 없게 가공된 음식들이었기 때문이다. 미니멀리즘을 만나고 나는 자신을 사랑하는 마음을 강하게 키웠다. 이제 몸속에 들어가는 음식 하나하나 영양과 균형을 먼저 따진다.

자연 그 자체에서 나온 원형에 가까운 음식을 먹으면 배고픔이 무엇인지 정확하게 느낄 수 있다. 끼니가 중요한 게 아니다. 중요한 건, 배가 부르다는 만족감이 들 만큼 먹고 공복 상태를 기다리는 것이다.

요리를 하지 않으니 설거지를 할 필요도 없고 종류별로 식기가 필요하지도 않다. 인류의 조상은 수백만 년 동안 이렇게 먹었고 질병 없이 건강했다. 태초의 인간은 날 때부터 이미 미니멀리스트였다. 음식은 쾌락의 대상도 욕구 충족의 대상도 아니다. 영양소이자 몸을 움직이게 만드는 에너지원이다.

가치관이 바뀌자, 음식을 대하는 태도도 변했다.

자극적인 음식은 먹고 싶다는 생각보다는 먹고 난 뒤 기분이 먼저 생각난다. 더부룩한 느낌, 뒤에 남을 쓰레기, 자극적인 양념으로 마비될 미각……. 생각하면 할수록 점점 더 먹고 싶지 않아진다.

자연식은 간편하고 맛있고 친환경적이다. 잘 익은 과일의 맛은 인위적인 감미료로 절대 흉내 낼 수 없다. 본능적으로 이끌리는 맛과 색깔이다. 향기로운 단맛에 이끌리는 이유는 인류가 본래 과일을 먹으면서 생존한 뿌리가 있기 때문이다.

채식을 하면 단백질 섭취량이 부족해지지 않을까 걱정하는 사람들을 위해 단백질을 얻을 수 있는 채소를 소개한다.

시금치(49%), 케일(45%), 브로콜리(45%), 버섯(38%), 오이(24%), 적양배추(%), 피망(22%), 토마토(18%)

괄호 속은 채소별 단백질 함유량이다. 대부분의 채소가 단백질 함유량이 꽤 높다. 계란이 12퍼센트,

닭고기가 23퍼센트인 것을 감안하면 시금치는 거의 절반 가까이가 단백질이다. 콩류를 비롯하여 콩을 이용해 만든 두부와 두유 또한 밭에서 나는 쇠고기라는 말이 있을 만큼 고단백 식품이다. 견과류에도 단백질이 풍부하게 들어 있다. 견과류, 콩, 야채만 충분히 먹어도 단백질 하루 권장량은 채울 수 있다.

스킨케어 미니멀리즘

요즘 스킨케어는 너무나 복잡해서 시작도 하기 전에 피로가 몰려올 정도다. 투명하고 잡티 없는 피부는 값비싼 스킨케어 제품이 만들지 않는다. 먹는 음식, 규칙적인 생활, 건강한 마음, 충분한 수분, 양질의 수면 등이 피부 상태를 결정하는 요소다. 따라서 피부를 가꾸고 싶으면 스킨케어 과학을 신경 쓰기보다는 건강한 음식을 먹고 물을 자주 마시며, 마사지와 스트레칭을 생활화하고, 독서와 명상으로 마음을 돌보고 숙면을 취하도록 노력을 기울여야 한다.

어떤 것이든 문제를 해결하려면 본질적인 접근이 중요하다. 피부과를 가거나 이것저것 화장품을 바르는 것 모두 표면적 해결책이다.

타고난 트러블성 피부가 아니라면, 얼굴에 여드름 또는 뾰루지가 생기거나 피부가 거칠어졌을 경우 피부과에서 관리를 받기보다 평소 생활 습관을 점검해봐야 한다. 신진대사가 원활하지 않거나 잠이 부족한지, 화장을 제대로 지우지 않고 자는지, 야식이나 짜고 기름진 음식을 즐기는지 등을 살펴봐야 한다. 잦은 음주와 평소 먹는 가공식품도 원인이 된다. 섬유질이 풍부한 채소와 과일을 먹어 신진대사를 촉진하고, 물을 많이 마셔서 독소를 배출하고 염분으로 부어 있는 몸을 비워야 한다. 양질의 숙면을 취하고, 적당한 운동으로 스트레스 지수도 낮추고 땀도 배출해 생활에 활력을 불어넣어야 한다.

보습제는 수분 보충의 역할만 하면 된다. 에센스든 수분크림이든 로션이든 스킨이든 결국 기능은 한 가지다. 한 가지면 충분하다. 그리고 아낌없이 듬뿍 바른다. 비싼 화장품을 사서 아껴 쓴다고 조금씩 바르는 것은 어리석다. 본인이 써보고 특별히 문제가 없다면, 그것이 로드 숍에서 산 것이든, 집에서 만든 화장품이든, 백화점 브랜드든, 그 어떤 것이든 상관없다. 대충 발라도 된다. 피아노 치듯 발라야 한다든지, 약지만 사용해야 한다든지 하는 말들은 신경 쓸 필요 없다.

연예인들의 스킨케어를 따라 하고 싶다면 대중매체에서 보여주는 단면만 볼 것이 아니라, 그들의 생활 면면을 모두 알아야 한다. 그들이 쓰는 스킨로션과 로션을 바르는 기법을 알아야 한다는 것이 아니다. 그들이 무얼 먹는지, 어떤 운동을 하는지, 취침 시간은 몇 시인지, 마음을 돌보기 위해 어떤 활동을 하는지 등의 생활 습관을 알아야 한다.

과거에도, 지금도, 앞으로도 내 생각은 변함이 없다. 비싼 화장품을 돈 주고 산 적은 단 한 번도 없고, 화장품이 피부를 좋게 해준다고 생각하지도 않는다. 아무리 비싼 화장품으로 색조 화장을 해도, 본바탕인 피부가 건강하고 깨끗하지 않으면 돋보이지 않는다. 티 없는 흰 캔버스가 있어야 점 하나를 찍어도 작품이 된다. 지저분한 바탕에는 아무리 멋들어진 그림을 그려도 작품이 될 수 없다.

가벼운 화장

 자신에게 맞는 화장법을 잘 숙지하고, 용도에 맞는 화장품을 적절하게 사용하고, 베이스가 되는 좋은 피부가 있다면 화장품이 많지 않아도 된다. 최근 들어 화장이 점점 가벼워지고 있다. 하나둘 단계를 생략하면서 이제는 작은 파우치 안에 전부 들어갈 정도로 화장품 가짓수가 줄었다.

 화장이 귀찮지는 않다. 자외선으로부터 피부를 보호하기 위해서라도 선크림을 바르고 피부 화장을 하는 것은 필요하다.

 시간이 없어서도 아니다. 그렇다고 매일 아침 몇십 분씩 거울 앞에 있고 싶지는 않다. 얼굴 톤을 보정하고 생기를 불어넣는 정도면 충분하다. 10분이면 된다. 화장을 무겁게 하던 때보다 아침 시간이 여유로워졌다.

 돌이켜보면 화장에 흥미를 느낀 적이 없다. 스무

살이 되면서 자연스럽게 화장을 시작했고, 화장은 선택이라기보다는 필수였다. 나를 위한 화장이 아니라 남에게 잘 보이기 위한 화장이었다. 잘 보이려고 했다기보다는 20대 여성이 풀 메이크업을 하지 않는 것은 부끄러운 일이고, 노 메이크업으로 외출하는 것은 창피한 일 같다고 생각했다.

하지만 화장은 나를 표현하는 수단이 아니다. 화장 여부에 상관없이 내가 당당하면 나는 자신 있는 사람이고, 아무리 화장으로 곱게 꾸며도 내가 움츠러들면 나는 부끄러운 사람이다.

뭉치고 번진 마스카라는 눈 밑을 시커멓게 만들었고, 두꺼운 피부 화장은 더워진 날씨에 얼룩덜룩 지저분해져 수정을 해도 달라지지 않았다. 집에 돌아와서 본 거울 속 내 모습은 아무것도 바르지 않은 민낯보다 못했다. 화장을 거의 하지 않는 지금은 집에 돌아와서 거울을 보면 외출하기 전의 모습 그대로다. 화려함 대신 적당히 수수한 모습을 오래 유지한다. 10분의 화려함보다 24시간의 수수함을 선택했다.

나는 깔끔함을 좋아한다. 옷도 매일 세탁하고 다

림질도 직접 해서 입는다. 옷에 묻는 게 싫어서 흰 옷을 입을 때는 음료조차 잘 마시지 않는 내가 번진 화장을 좋아할 리 없다.

가벼운 화장만 하면 화장품이 많이 필요하지도, 지울 때 시간이 오래 걸리지도 않는다. 덕분에 피부는 마음껏 숨을 쉴 수 있게 되었고, 나는 평온함을 되찾았다.

이사

우리 집은 내가 어릴 적부터 이사를 많이 다녔다. 그래서 미니멀한 생활을 더 갈망했는지도 모른다. 살림의 규모가 클수록 이사는 번거로워진다. 짧게는 2년, 길게는 4년마다 한 번씩 이사를 다니다보니, 어느덧 이사는 내 인생의 일부라는 생각마저 든다. 이사할 때마다 짐을 싸고 풀고, 정리하고, 물건을 배치하고, 청소하고, 잃어버린 물건을 찾고, 필요한 물건이 없어서 고생하고……. 이런 모든 과정이 내게는 스트레스로 다가왔다. 이사는 부모님의 결정이고 부모님과 함께 사는 동안에는 부모님의 결정에 관여할 수 없었다. 상황을 바꿀 수 없다면, 내가 바뀌자고 생각했다.

미니멀리스트가 된 이후 이사를 두 번 했다. 이제 이사는 더 이상 내게 스트레스도 두려움도 아니다. '이사? 그까짓 거 뭐' 하는 심정이다. 두 번의 이사는 강한 인상을 남겼다. 물건을 줄이길 정말 잘했구나 하는 생각이 들었다.

첫 번째 이사는 독립해서 자취를 하다가 다시 부모님 집으로 들어가는 이사였다. 용달차 한 대로 이사를 끝냈다. 침대도 없고 가구라고는 테이블, 책장, 서랍장이 전부였다. 물건이 너무 없어서 박스 포장도 혼자 했다. 다음 목표는 택시를 타고 이사하는 것이다. 혼자 하는 이사여서 더 홀가분했다.

두 번째 이사는 최근에 했다. 가족 전원이 예전에 살던 동네로 다시 이사를 가게 됐다. 부모님은 포장이사를 하기로 하셨다. 규모가 큰 이사였지만 내 물건은 10퍼센트도 되지 않았다. 나는 내 방을 정리하는 데 5분도 걸리지 않았다. 가구도 단 세 점, 짐은 책 5권, 옷 종류를 담은 상자 1개, 이불이 전부였다. 예전에는 물건을 분류해서 담는 데 시간을 많이 썼는데, 물건의 양 자체가 줄어드니 분류할 게 없었다.

지금 내 방은 2평 정도 되는 작은 방이다. 그렇지만 생활하는 데는 아무런 불편함이 없다고 자신 있게 말할 수 있다. 이불을 펴고 큰대자로 누울 수 있고, 바닥에 앉아 스트레칭을 할 자리도 충분하다.

책상에 앉아 책을 읽기에도 충분한 공간이다. 나는 이 공간이 아주 마음에 든다. 큰 창문이 있어서 아침에는 햇빛이 방 안을 환하게 비추고 오후에는 시원한 바람이 솔솔 불어온다. 창문을 앞에 두고 책상에 앉아 책을 읽거나 글을 쓸 때면 '더 필요한 게 있을까?' 하는 생각이 든다.

스마트폰 용량 최소화

 블로그도 하고 인스타그램도 하지만 적은 용량으로도 1년 넘게 스마트폰을 잘 쓰고 있다(2017년에는 16GB로도 잘 지냈다). 오히려 용량이 적어서 다행이라고 생각한다. 잔고장도 없고 스마트폰에 매달려 살게 하지 않기 때문이다.
 용량이 부족하다는 메시지가 뜨면 원인을 파악하고, 데이터나 용량을 많이 사용하는 앱을 제거한다. 배터리 사용량도 틈틈이 확인해서 전기를 많이 쓰는 앱은 그때그때 종료한다. 한 번 충전해놓으면 못해도 이틀은 쓴다. 용량을 많이 차지하는 게임을 하지 않는 것도 한몫한다. 그래픽 사양이 높은 게임은 용량도 많이 차지하고 스마트폰 작동이 느려지게 만든다.
 나는 스마트폰으로 잡다한 업무도 보지 않는다. 스마트폰 하나로 모든 것을 다 해결하려는 마음은 버렸다. 페이스북은 하지 않고, 음악을 다운받지도 않는다. 앱도 기본만 깔려 있다. 홈 화면은 그냥 비어 있다. 인터넷으로 들어가서 검색하거나 사이트 주소를 직접 입력해서 접속한다. 이렇게만 해도 용량이 많이 남는다. 제한된 저장 공간으로 버틸 수 있는 하나의 방법은 앱의 간소화다.

물질의 미니멀리즘만큼 디지털 미니멀리즘도 중요하다. 컴퓨터의 경우 하드 드라이브가 정돈되어 있으면 안정감이 든다. 컴퓨터로 많은 작업을 하는 만큼 시간이 지나면 문서, 사진, 영상, 음악 파일 등 온갖 자료가 드라이브에 가득 찬다.

컴퓨터에 저장된 중요한 내용은 정기적으로 온라인에 백업한다. 저장 공간을 차지하지 않으면서 필요할 때 와이파이 사용이 가능한 환경이면 어디서든 접근할 수 있기 때문에 하드 정리에 효과적이다. 그리고 필요한 정보는 되도록 스트리밍을 한다. 특히 음악과 영화는 다운로드보다는 스트리밍을 활용한다. 물리적 파일이 필요 없어 저장 공간을 차지하지 않는다. 메일함과 즐겨찾기도 한 달에 한 번씩 삭제하고 분류하고 정돈한다.

정보가 폐품처럼 쌓여 쓰레기 취급을 받는 시대다. 내게 진정으로 필요하고 가치 있는 정보를 찾으려면 검색과 저장도 다운사이징을 생활화해야 한다. 광고성 메일은 스팸 처리하고, 불필요한 메일은 수신 거부한다. 내 스마트폰에는 문자도 쌓이지 않는다. 웬만한 광고성 번호는 전부 수신 차단했고, 연락처에 저장된 번호는 100개도 안 된다. 컴퓨터 프로그램도 사용 빈도수를 정기적으로 확인해서 쓰지 않는 프로그램은 바로 삭제한다. 저장 공간이 부족할 일도 없고 컴퓨터 구동 속도가 느려지지도 않는다.

디지털화는 물리적 소유물을 줄여주는 아주 좋은 방법이다. 유용하지만 현명하게 사용해야 한다. 나는 웬만한 문서, CD, 사진도 전부 스캔하고 디지털화한 후 처분했다. 통장과 카드, 메모지 대신 은행 앱을 쓰고, 메모와 일정 관리 모두 스마트폰으로 한다. 명세서와 고지서도 모두 디지털화했다. 하지만 동시에, 디지털 디톡스 또한 매일 실천한다. 노트북, 스마트폰 모두 정기적으로 포맷하고, 작은 USB에 필요한 정보를 모두 옮겨 담을 수 있게 항상 간소화한다.

 디지털 공간을 간소화하는 작업도, 물리적 환경을 심플하게 유지하는 것만큼 만족감이 크다. 지저분한 바탕화면이나 쌓인 메일함은 생각보다 많은 스트레스를 유발한다. 텅 빈 메일함과 아무것도 없는 바탕화면은 눈을 편안하게 하고, 업무를 처리할 때도 더 쾌적한 환경을 조성해 효율을 높인다. 디지털과 아날로그의 장단점을 적절하게 이용하면, 정보는 고스란히 지키되 정보가 차지하는 공간은 줄이고 무자비한 정보의 폭격도 피할 수 있다.

물욕

 다시 한 번 말하지만, '꼭 필요한 물건'이라는 것은 없다. 꼭 필요하다는 생각이 들어도 다시 한 번 생각해본다. 지금 가진 물건들로 대체할 수 없을까? 기능이 하나라도 겹친다면 조금 교정해서 내게 맞게 쓸 수 있지 않을까?

 집에 행거(hanger, 옷걸이를 매다는 가구)가 하나 있었는데, 너무 커서 작은 행거로 바꾸고 싶다는 생각을 했다. 물건의 부피를 줄이고 생활을 간소하게 만드는 게 소박함이라고 생각했는데, 소박함을 위해 또 다른 욕심을 부리고 있었다. 소박함은 지향해야 할 종착지가 아니라 가벼운 삶으로 가는 과정이다.

 이사를 가기 전에 계속 '행거'를 인터넷으로 검색하다가 창을 닫고, 마음에 드는 것 같아 장바구니에 담았다가 삭제하기를 귀신에 홀린 것처럼 반복했다. 미니멀리스트라고 블로그와 주위 사람들에게 광고하고 다니면서 참 이런 모순도 없다. 물건을 대하는 태도가 많이 신중해졌고, 구매 앞의 초연함도 어느 정도 배웠지만 아직 물욕을 완전하게 없애지 못했나보다. 여전히 '필요하다'는 착각에 휩싸여 갈등하고 있다.

행거에 미련을 버리지 못한 채 물욕과 미니멀리즘이 팽팽한 줄다리기를 하고 있을 때 이삿날이 다가왔다. 잠시 피어오르는 물욕을 접어두고 이사를 준비했다.

이사 가는 집에 붙박이장이 있었다. 행거 자체가 필요 없어진 것이다. 미니멀리즘은 내게 매번 이렇게 신선한 자극을 준다. 역시, 필요하다는 생각은 절대 옳은 적이 없다. 안 사길 정말 잘했다. 팽팽했던 줄을 탁 놓자, 줄이 너무도 쉽게 손을 떠났다. 없어도 어떻게든 살 수 있다는 마음으로 시작해야 한다.

집

 우리는 살면서 너무 많은 짐을 지고 살아간다. 태어날 때는 실오라기 하나 걸치지 않았으나, 살면서 짐 가방은 점점 더 커진다. 나는 무거운 게 싫다. 무거운 가방도 싫고, 여행도 가볍게 다니고 싶고, 몸도 가벼운 게 좋다. 약간 불편하더라도, 조금 배고프더라도, 짐이 없어야 속이 비어 있어야 숨이 쉬어졌고 마음이 편했다.
 가방에 필름 카메라와 작은 수첩, 펜 한 자루를 넣고 세계 곳곳을 돌아다니며 사진을 찍고 그림을 그리고 글을 남기고 싶다. 그렇게 정처 없이 떠돌다 마음에 드는 곳을 만나면 몇 달이건 몇 년이건 정착해서 살기도 하고, 또 얼마 지나서 떠나고 싶어지면 작은 캐리어 하나만 들고 훌쩍 떠나고 싶다. 사과 하나, 빵 한 조각 사 먹을 돈이면 충분하고, 두 다리 뻗고 누울 수 있는 조각 이불 하나 정도의 공간이면 충분하다. 가진 게 없어도 자유와 꿈이 있다면 행복하다.

영화 〈백만엔걸 스즈코〉 속 주인공 스즈코의 삶이 그렇다. 그녀는 100만 엔을 모으면 미련 없이 다른 곳으로 이동한다. 간혹 마을 사람들의 따뜻한 애정에 뭉클함을 느끼기도 하지만, 떠나는 그녀를 붙잡지는 못한다. 좋아하는 사람이 생기기도 하지만, 그에게 솔직한 태도로 혼신을 다했기에 스즈코는 삶에 미련이 많지 않다.

나도 돌이켜보면 집이란 게 없었다. 그래서 고향, 정착, 안정이라는 단어에 애착이 없다. 어릴 적에는 내 이름으로 된 집이 꼭 있어야 한다고 생각했다. 지금은 좀 다르다. 한곳에 정착해서 살지 않는 이상, 꼭 집이란 것이 필요할까? 밴(van)에 루프톱 텐트를 설치해서 살고 싶다는 생각도 하고, 캐리어 하나를 들고 전 세계를 누비며 카우치서핑(couch-surfing, 여행자가 현지인의 집을 찾아다니며 무료로 숙박하는 것)이나 에어비앤비(Airbnb, 숙박 공유 서비스)를 이용하며 사는 건 어떨까라는 꽤 구체적인 상상도 한다.

의식주(衣食住)는 우리 삶에서 제일 중요한 문제다. 입는 '의(衣)', 먹는 '식(食)'으로부터 자유로워지자 이제 사는 '주(住)'로부터도 자유롭고 싶다는 생각이 조금씩 든다. 침대 없는 생활은 상상도 못했지만 막상 살아보니 전혀 불편할 게 없었다. 최소한의 음식만 먹고도 건강한 삶이 가능하다는 것도 알게 됐다. 오히려 더 활기차고 건강해지는 수혜를 누렸다. 집도 그럴까? 집이라는 존재는 생각보다 삶의 많은 부분을 책임지고 있어서 선뜻 도전하기 망설여진다. 하지만 주거로부터 자유로워지면 지금보다 물건의 부피도 더 줄일 수 있고, 줄어든 물건의 부피만큼 허용할 수 있는 결핍의 허들도 낮아질 것이다.

정해진 집 없이 사는 인생은 불안할까? 나는 돌아갈 집이 없는 것도 아니다. 부모님도 계시고 오빠도 있다. 가족의 품도 집이다. 물리적 공간만이 집은 아니다. 대지가 가족의 품이고 하늘이 지붕이다.

태어나서 10년 동안 이사를 다녔고 10대 시절부터 외국에서 자랐다. 한국에 돌아왔을 때 고국이나 고향이라는 대상에 애정을 느끼기엔 떠나 살았던 공백이 너무 길었다. 외국에서도 한국에서도 이방인이었다는 생각이 들었지만, 사실 나는 어디에서나 주인이기도 했다.

    이제 세상 그 어디를 가든, 내가 발을 딛고 서 있는 곳이라면 다 집이라는 생각이 든다. 인간이라면 가정을 꾸리고 정착을 하고 한곳에서 늙어가야 한다는 생각이 누구에게는 맞고, 또 누구에게는 그렇지 않을 수도 있다. 소유의 무게가 없다면, 오직 존재 그 하나만 나를 지탱하고 있다면, 어느 곳에서도 당당히 뿌리내릴 수 있지 않을까.

바닥 생활자

생각해보면 침대가 반드시 필요한 이유가 없다. 잘 고른 이불은 침대 이상의 역할을 해낸다. 침대는 자리를 차지하고, 관리하기 힘들며, 사용하지 않을 때도 늘 눈에 보인다. 바닥 취침에 적응하면 침대가 사라진 빈 공간이 주는 혜택을 마음껏 누릴 수 있다. 필요할 때만 꺼내 쓰니 공간을 절약할 수 있고, 사용하는 사람은 부지런해진다. 침대 없이 생활하며 몇 가지 느낀 점이 있다.

첫째, 덩치 큰 침대가 없어지자 침대가 있던 자리가 한산해졌다. 활용할 수 있는 공간이 늘어났고, 방이 시각적으로 넓어 보이는 효과는 덤이다. 잠은 하루 7시간밖에 자지 않는다. 하루의 3분의 1도 채 안 쓰이는 물건이 온종일 자리를 차지한다면 명백한 공간 낭비다.

둘째, 침대가 있던 자리는 늘 먼지가 쌓인다. 침

대 밑을 신경 써서 매번 청소한다고 해도, 결국 손이 닿지 않는 곳, 눈에 띄지 않는 곳은 치우지 않게 된다. 침대 없이 사는 요즘, 먼지가 쌓이지도 않고 청소가 번거롭지도 않다. 동전이나 양말 한 짝이 실종될 일도 없고, 떨어뜨린 물건을 줍기 위해 먼지 더미를 뒤지고 효자손으로 침대 밑을 휘저을 일도 없다.

셋째, 이사가 편해졌다. 침대를 없앤 뒤 처음 이사를 했을 때, 용달차 한 대로 이사를 끝냈다. 기사가 물건을 옮겨줄 필요도 없어서 용달차 운송료 5만 원으로 모든 일을 해결했다. 덩치 큰 가구가 있으면 물건을 실어 나를 트럭과 사다리차, 옮겨줄 인력도 필요하다. 그러나 나는 당시 가구라고는 책상, 의자, 행거, 책장이 전부였고 물건도 열 손가락에 꼽을 정도로 적었다. 용달차 기사가 놀랐을 정도로 짐이 적었다. 침대가 없어서 이사가 훨씬 수월했다.

넷째, 침대 생활을 청산하자 매일 아침 이불을 개는 일이 내 첫 일과가 되었다. 잠자기 전 이불을 꺼내서 펼치는 것도 빠져서는 안 되는 일과다. 그래서 매일 부지런해진다. 잠자리에 들기 위해 털썩하고 아무렇게나 엎어지지 않는다. 침대 생활을 할 때는 늘 잠자리를 방치했다. 정리는 고사하고 입던 옷, 책, 양말, 속옷 들로 침대 위는 늘 전쟁터였다. 침대 하나 없어졌을 뿐이지만 내 생활은 전반적으로 부지런해졌다.

가구 배치 바꾸기

 오늘 옷장을 없앴다. 옷장은 내가 가진 마지막 가구였다. 옷장이 사라진 자리를 보며 이토록 홀가분할 줄 알았으면 진작 없앨걸 하는 생각이 든다. 그동안 옷장을 가지고 있던 이유는 단 한 가지였다. 이불을 넣기 위해서였다. 나는 침대를 처분하고 바닥 생활을 했다. 침대가 차지하는 공간이 아까웠고, 하루의 3분의 1도 채 안 쓰는 가구가 24시간 시야에 있는 게 거슬렸다.

 공간을 얻고자 바닥 생활을 선택했는데, 그 바닥 생활에 대한 대가로 또 다른 가구를 끌어안고 있었다. 모순도 이런 모순이 없었다. 이불을 장롱에 넣어놓으면 눈에 보이지 않으니 훨씬 깔끔하겠다고 생각했다. 그러나 옷장 자체가 없어지면 더 깔끔하다는 사실은 생각지도 못했다.

 옷장을 가지고 있어야 할 이유가 내게는 없다. 옷

도 얼마 없어서 행거나 작은 붙박이장 안에 다 들어간다. 상의는 차곡차곡 개어 책장에 수납하면 된다. 나는 옷을 좋아하지만 옷이 내 삶의 우선순위는 아니다.

이제 내 방에 덩치 큰 가구는 없다. 남은 가구는 혼자 힘으로 옮길 수 있는 것들이다. 크고 무거운 가구가 없으니 가벼움이 주는 자유도 있고, 이사하는 데 드는 비용을 절감하는 경제적 장점도 있다. 하지만 그것보다 더 중요한 이유가 있다.

나는 내 방이 생긴 날부터 가구 배치 바꾸기를 취미처럼 즐긴다. 침대를 가장자리로 옮겨보고, 책상을 침대 옆에 뒀다 책상 옆에 뒀다 이리저리 옮기는 일이 좋다. 필요할 때 언제든지 원하는 위치로 이동할 수 있는 자유와 가벼움이 좋다. 물건 없는 환경에서 나름대로 변화를 추구하는 방식이기도 하다. 하지만 혼자 힘으로 들 수 없는 큰 가구나, 무게가 많이 나가는 가구는 자유롭게 이동할 수가 없다.

행동반경과 생활 패턴을 고려해서 책장과 테이블의 위치를 달리하다보면, 가구의 위치만 바꿨을 뿐인데 놀랍게도 업무의 생산성이 높아진다. 공부에 몰두하고 싶을 때는 '공부 모드'로 가구를 배치한다. 잠을 푹 자고 안정감 있는 휴식을 취하고 싶을 때는 휴식에 최적화된 가구 배치를 한다. 바람이 거세게 불 때는 창문에서 책상을 멀찍이 떨어뜨려놓기도 한다.

손이 닿지 않는 곳에 물건을 수납하지 않는다. 시야를 벗어난 곳에 물건을 두지 않는다. 속이 보이지 않는 수납장도 사용하지 않는다. 속이 뚫려서 안이 훤히 보이는 가구만 쓴다. 보이지 않으면 사용하지 않게 된다. 가구도 키보다 높거나 양팔을 벌려서 안을 수 없는 것은 선택하지 않는다. 내가 관리할 수 있는 범위 내에서 물건을 사용한다. 물건은 생활을 돕는 고마운 존재가 되어야지 성가신 골칫덩이가 되어서는 안 된다.

살고 있는 환경에서 물건이 더 늘지 않도록 경계한다. 내게 물건 없는 방은 곧 안락함을 의미하기 때문이다. 그렇다고 강박이나 압박을 느끼는 것은 아니다. 잠시 동안의 욕망을 채우고자 긴 시간의 행복을 희생할 생각이 없을 뿐이다. 물건이 없으면 내가 가진 열정에 더 몰두하고, 일처리의 생산성을 높이고, 평화롭고 여유 있는 휴식 시간을 보낸다.

'이 물건이 있으면 내 생활이 좀 더 편리해지지 않을까?'

'이 제품을 쓰면 내가 좀 더 나은 사람이 되지 않을까?'

'이것만 있으면 내 삶의 질이 향상될 거 같은데……'

흔히 하는 생각이지만, 그렇지 않다. 단언컨대, 삶의 질을 향상하고 생활을 편리하게 만드는 건 움직이고 행동하는 나 자신이다.

행동반경을 줄이기 위한 생활용품을 살 생각 하지 말고, 생활 속 움직임을 긍정적으로 보는 태도를 가져야 한다. 헬스장에서 돈 내고 운동할 생각 하지 말고, 생활의 불편함을 연료로 운동을 하면 된다. 세련된 사람은 물건의 후광을 빌려 자신을 빛나게 하지 않는다.

망설임이 있을 때는, 내가 그리는 이상적인 내 모습, 내가 주도적으로 살고 싶은 삶의 자화상을 떠올린다. 그럼 조금 더 과감해진다.

쇼핑은 까다롭게

 이른바 '돈값을 한다'고 느낀 구매를 한 번도 한 적이 없다. 지불한 금액에 상응하는 만족감을 물건으로부터 느끼지 않는다. 물건은 오히려 기를 뺏고 후회만 남겼다. 물건이 하나 늘었지만 쓰레기도 함께 늘었고, 분리수거도 해야 하고 쓰레기 종량제 봉투도 사야 한다. 그러고 보니, 쓰레기도 돈이네? 집 한편에서 자리만 차지하는 것도 아까운데, 돈을 주고 쓰레기와 스트레스를 사는 꼴이다.

 물건이 주는 피로감도 이루 말할 수 없이 크다. 택배 상자, 관리해야 하는 번거로움, 무용지물이 되지 않을까 전전긍긍하는 스트레스는 덤이다. 완제품이 아니면 분리하고 조립도 해야 한다. 클릭 한 번이면 세상 어떤 물건이든 다 살 수 있지만 물건이 차지하는 물리적 공간, 심리적 부담은 오롯이 내 몫이다. 불편을 감수하고 필요를 없애더라도 물건을 줄이는 편을 선택한다.

예컨대 요리할 때 기름을 사용하면 설거지를 해야 한다. 설거지를 하려면 세제가 필요하고, 세제를 쓰려면 수세미와 고무장갑이 필요하다. 기름 하나 포기하면 세제, 수세미, 고무장갑은 물론이고 설거지도 필요 없다. '맛'보다 '심플함', '물건 없음', '건강'이 더 우선순위다. 가치의 우선순위를 정하면 물건이 쉽게 줄어든다.

나는 더는 쇼핑을 하지 않는다. 필요한 게 있으면 일단 인터넷으로 알아본 후 매장에서 한 번 더 확인하고 산다. 계획하지 않은 쇼핑, 목적 없는 아이쇼핑은 하지 않는다. 사실 쇼핑의 유혹은 늘 우리 주위를 맴돌고 있다. 광고니 판촉이니 영업이니 하며 하나라도 더 팔려고 호시탐탐 구매자들의 눈치를 살핀다. 지하철을 타러 갈 때도, 친구를 만나러 약속 장소로 향할 때도, 물건을 파는 가게가 없는 곳이 없다. 그렇게 눈길을 주기 시작하면 이것도 가지고 싶고 저것도 손에 넣고 싶어진다.

그러나 물건이 없는 환경을 만들면 집 안에 물건을 들여놓기가 싫어진다. 결점 없는 전시장 같은 내

구역만큼은 어지러운 물질세계와 소비주의에 오염되지 않은 청정 지대로 유지하고 싶어진다.

그래서 새로운 물건을 살 때 두 배 세 배 신중해진다. 실용적인 측면만 따지지는 않는다. 나를 기분 좋게 해주는지, 오래 두고 쓸 수 있는지, 미적으로 아름다운지 등등 조건을 까다롭게 만들어 검열 과정을 거친다. 이 기준을 만족하지 못하면 사지 않는다. 생활이 불편해도 원하는 물건을 찾을 때까지 기다린다. 그저 그런 물건 열 가지보다 마음에 쏙 드는 단 한 가지 물건을 손에 넣는 게 더 어렵다. 하지만 분명 이유 있는 기다림이다.

물건을 사지 않는 것은, 다시 말해 자유다. 원하는 물건을 내 의지로 선택할 수 있는 자유다. 광고와 미디어가 아닌, 내 취향에 맞는 쇼핑을 의식적으로 하겠다는 선전 포고와 같다. 물건 없는 생활이 익숙해졌고, 물건이 없는 생활이 주는 아름다움과 가벼움이 이제 그 어떤 것과도 바꿀 수 없는 일상의 소중한 가치가 되었다. 이 영감과 창조의 공간을 나는 끝까지 지켜내고 싶다.

텔레비전

 텔레비전은 시간을 죽이기 가장 쉬운 놀잇감이다. 사회적 이슈나 최신 뉴스는 인터넷 검색 몇 번만으로도 금방 확인할 수 있다. 텔레비전 없이도 세상과 소통할 수단은 많다.

 텔레비전의 최대 단점은 내가 통제할 수 없다는 수동성에 있다. 텔레비전 채널은 고정되어 있다. 물론 리모컨으로 채널을 돌릴 수는 있다. 무엇을 먹을지는 자유롭게 선택할 수 있지만, 기본적으로 정해진 메뉴와 고정된 반찬만 먹어야 하는 구조다. 또 보는 시간과 분량도 내가 정할 수 없다. 8시, 9시, 12시 늘 같은 시간에 정해진 프로그램을 방영하고, 프로그램도 틀이 다 갖춰져 있다. 그래서 한번 틀면 보던 프로그램이 끝날 때까지 텔레비전 앞에 앉아서 시간을 축내야 한다.

 나는 오래전에 텔레비전을 버렸다. 생산적인 하

루를 방해하고 성장과 성취를 지연한다는 판단이 들었다. 텔레비전을 대체할 오락거리는 세상에 차고 넘친다. 원하는 방송을 취사선택해서 능동적으로 보고 통제할 수 있는 VOD 스트리밍을 강력하게 추천한다.

컴퓨터나 텔레비전은 중독성이 아주 강해서 시작은 쉬우나 끝내기는 힘들다. 그래서 나는 블로그 포스팅을 하건, 인터넷으로 자료 조사를 하건, 메일을 작성하건, 다큐멘터리나 영화를 보건 간에 정해진 목적을 달성하고 할 일을 끝내면 가차 없이 모니터를 끈다. 이렇게 인터넷과 텔레비전 앞에서는 강단이 있어야 한다. 자신의 통제력을 맹신하면 안 된다.

내가 의지가 약해서도 아니고 외부 자극에 특별히 취약해서도 아니다. 단지 텔레비전, 인터넷, 컴퓨터 등이 중독성이 강하게 고안되었기 때문이다. 책을 읽거나 운동을 하거나 그림을 그리거나 피아노를 치는 행위는 주체가 '나'이고, 모든 행동이 웬만하면 통제된다. 하지만 자극적이고 화려한 화면이 이목을 끌고, 끊임없이 새로운 정보와 즐길 거리가 전파를 타고 흘러나오는 텔레비전과 인터넷은 통제가 불가능하다. 그래서 똑똑한 사용자가 되어야 한다. 잘 사용하면 삶을 풍요롭게 만드는 충실한 도구가 되지만, 오남용하면 사용자가 도구의 노예가 된다.

나는 소유하는 모든 물건들이 마음의 짐이 되지 않기를 바란다. 텔레비전도 결국 물건이고, 텔레비전을 들이는 것은 집 안에 물건이 하나 더 늘어남을 의미한다. 게다가 텔레비전은 수상기 외에도 리모컨이나 케이블 등 여러 가지 액세서리를 달고 등장한다. 수상기만 구입한다고 끝나지 않고 케이블 설치비, 수신료, 전기세 등이 추가로 발생한다. 다양한 서비스로 인한 뜻하지 않은 충동구매까지 부추기니, 텔레비전 하나를 집에 들여놓으면 그만큼 감내해야 하는 스트레스도 늘어난다.

거실은 대화의 장이고 휴식의 공간이다. 나는 사람이 주인공인 집에 살고 싶다. 텔레비전이 차지하는 자리에 소파를 놓고 책을 꽂아놓고 싶다. 이야기하고 독서하고 사색하고 휴식할 수 있는 공간에 텔레비전은 필요 없다.

책

'책'을 버리는 것이 유독 힘들었다. 책에 많은 의미를 부여하고 책 속 지식을 나의 꿈, 목표, 이상과 동일시했다. 어린 시절 소설가가 되겠다는 꿈은 《호빗》을 버리지 못하게 만들었다. 이 책을 읽으면서 꿈을 키웠기에 책을 버리는 순간 꿈도 사라져버릴 것만 같았다. 절판된 책, 외국에서 사온 책은 또 저마다 다른 이유로 버리지 못했다.

하지만 꿈을 이루는 것은 '실천'이다. 책이란 본디 읽고 삼키고 소화해야 '내 것', '내 지식'이 된다. 이 간단한 진실을 참 오랫동안 외면하고 있었다는 사실을 깨달았다. 책을 버리고 이루고 싶었던 목표를 수첩에 간략하게 적었다.

소설을 매끄럽게 쓰는 기술을 습득하고 싶다.
중국어 어휘를 늘리고 싶다.

미술 작품을 더 폭넓게 알고 싶다.

이 세 가지에 도움이 되는 책 딱 3권만 남겼다. 그 외의 모든 책들은 평생 읽지 않을, 그저 소유욕에 가지고 있는 물건일 뿐이었다. 그리고 지금까지도 책을 전부 처분한 그날을 단 한 번도 후회한 적이 없다. 내 방에는 가구가 책장, 교실 책상 크기의 작은 테이블, 붙박이장이 전부인데, 그중 책장에 정작 '책'은 몇 권 없다. 1년 동안 가지고 있던 책을 모두 팔고 기부하고 처분했다. 반드시 종이책으로 읽어야 하는 뚜렷한 이유가 있지 않다면 책은 사지 않는다. 책은 도서관에서도 빌려 볼 수 있다. 신간이 읽고 싶으면 대형 서점으로 간다. 전자책으로도 읽고 오디오북도 이용한다. 공공 도서관에 희망 도서 신청을 하면 몇 주 내로 받아볼 수도 있다.

사실 나는 책을 정말 좋아한다. 종이에서 느껴지는 감촉, 개성 있는 표지 디자인, 책장 넘길 때 나는 소리, 인쇄소에서 막 나온 새 책 냄새……. 책 그 자체를 좋아한다. 그리고 아직도 그 마음은 변함이 없다. 하지만 서점에서 두근거리는 마음을 안고 책을 사서 집에 가져와도, 결국 책장에 꽂아놓기만 할 뿐 정작 읽지 않았다. 그렇게 책은 죄책감이 되었고 불편함으로 마음 한편에 남았다. 그러면서도 버리지 못할 이유를 갖다 붙이면서 움켜쥐고 있었다. 내가 버리지 못한 건 책이 아닌, 책을 통해 욕심내던 지식과 책 속에 담아둔 내 꿈이었다.

책을 사지 않으면서 더 자유로워졌다. 독서량은 오히려 많아졌고, 예전처럼 일정한 장르의 책들을 편식하지도 않는다. 읽어야 한다는 강박이 사라진 자리는 자유로운 책 읽기로 채웠다. 장식처럼 꽂아만 놓고 읽지 않는 책은 없다. 도서관에서 마음에 드는 책을 집으면 그 자리에서 다 읽어버린다. 그래도 아쉬우면 빌려온다. 빌린 책은 늘 가방 안에 넣고 다니면서 이동 중에도 읽고 친구를 기다리면서도 읽고 정류장에서 버스를 기다릴 때도 읽는다. 너덜거릴 때까지 여러 번 읽고 소화해, 책을 덮고도 내용이 떠오를 정도로 내 것이 된 책이라야 진정 의미가 있다.

간혹 책을 사기도 하는데, 다 읽고 나면 중고 책방에 되판다. 양서라면 내 방에서 쓰임 없이 공간을 차지하는 것보다, 더 많은 사람들이 저렴한 가격에 읽는 것이 좋은 일이다. 책장은 좁고 자리는 한정되어 있다. 정말 신중하게 생각해서 매일매일 마르고 닳을 때까지 읽을 요량이 아니면, 책을 사지 않는다.

단 한 가지 규칙

간혹 물건을 버리는 방법에 관한 질문을 받는다. 어디서부터 시작해야 하는지, 어떻게 버려야 하는지를 묻는다. 그럴 때마다 나는 단 한 가지 규칙만을 기억하라고 답한다.

'당장, 그리고 언젠가.'

이 두 가지 규칙에 따라 나는 소유물의 80퍼센트 이상을 처분했다. 그리고 우려했던 '언젠가'는 오지 않았다. 필요한 물건은 전부 당장 사용해야 하는 것들이었다. '언젠가 쓸 때가 있겠지'라고 생각해서 버리지 않은 물건들을 실제로 쓰게 되는 일은 없었다. 이 규칙만을 기억하면, 옷도 가구도 책도 어떤 것도 예외는 없다. 전부 두 가지로 명확하게 구분된다.

언젠가 쓸 일이 있을 거라 굳게 믿은 염도계, 배달 음식과 함께 딸려온 1회용 식기, 불편해서 신지 않지만 비싸게 주고 산 게 아까워 못 버리는 구두……. 버리지 못하는 이유를 다 따지면 세상에 버릴 수 있는 물건은 없다. 지금, 당장 오늘 이 순간 쓰지 않는다면 기를 빼앗고 공간의 기류를 탁하게 할 죽은 물건이다.

설렘의 정도, 쓰임의 다양성, 희소성, 추억, 다 부질없는 조건이다. 매일 물건 하나씩 버리기, 1일 1버림도 다 소용없다. 결과는 눈앞에 드러나야 확실한 동기 부여가 된다. 뚜렷한 보상이 있어야 지속할 수 있는 법이다.

'당장'과 '언젠가'로 모든 물건은 나눠진다. 이 한 가지 규칙만 기억하면 당신은 지금 당장 못 버릴 것 같은 모든 물건을 떠나보낼 수 있다.

물건 버리기가 막막한 당신에게

지금 쓰지 않는 물건이라면 가까운 미래에도 쓰지 않는다. 죽기 전 병상에 누워서 떠오르는 건 물건이 아니라 살아온 인생, 경험, 보고 싶은 사람들, 용기 내지 못한 도전이다.

'내일부터 해야지' 라고 생각하는 '내일' 은 영영 오지 않는다.

오늘 하지 않으면 내일도 모레도 절대 하지 않는다. 무언가를 해야겠다는 생각이 들면 지금 당장 해라. 일단 시작하면 후회는 없다. 그것이 무엇이 됐건 경험이고 인생의 거름이 된다.

물건의 개수와 부피를 줄이려면 창의력이 필요하다. 이를테면 수건은 잘 마르는 얇은 수건으로 교체하고, 침대 대신 이불을 사용하고, 과일 껍질은 말려서 방향제로 재사용하면 된다.

모든 과정에서 단계별로 각각 물건이 필요한 것

은 아니다. 발, 몸, 머리용 수건을 따로따로 사용할 필요는 없다. 보디 워시, 페이스 워시, 핸드 솝, 종아리 워시, 발뒤꿈치용 비누까지……. 어차피 세정이라는 똑같은 기능을 하는 이들 제품이 정말 다 필요할까? 그렇지 않다.

물건을 사는 것은 클릭 한 번이면 되지만 처분하려면 노동, 돈, 시간이 들어간다. 신중에 또 신중을 기해야 한다.

버린 후 다시 찾을 일은 거의 없지만, 혹시라도 그런 일이 생기면 하나 사면 된다. 최악의 경우에라도 약간의 돈을 더 쓸 뿐이다. 일어나지도 않을 일을 미리 걱정하지 말고, 그럴 경우에는 그냥 하나 사자고 마음먹는 게 정신 건강에도 좋고 경제적이다.

씀씀이

　매달 수입과 지출을 정산한다. 따로 가계부를 적거나 정해진 기간이 있는 건 아니고, 은행 앱으로 월간 지출 내역과 총액 정도만 확인한다. 카드 결제 내역만 확인하면 돼서 오래 걸리지 않는다. 품목별로 결제 수단을 나눈다. 고정 지출에 해당하는 교통비와 통신 요금을 일반 결제 수단과 겸용하면 절약을 해도 티가 나지 않는다. 또 자동 이체하는 경우 매달 지출 금액의 변동 폭이 넓어진다. 가계부를 따로 쓰지 않기 때문에 이렇게 결제 수단을 세 가지로 나눠, 분류하는 수고를 덜었다. 카드 결제 내역은 순수 식비, 문화생활비, 물건 구입 비용, 인간관계에 쓴 비용 정도로 압축된다. 한 달 기준으로 매달 폭이 달라지지만 50만 원(이 장에서 언급되는 돈의 액수는 2016년 기준입니다)을 넘게 쓴 적은 없다.

　내가 미래에 대한 걱정, 돈에 대한 압박이 없는

가장 큰 이유는 적은 지출에서 오는 자신감이다. 나는 월수입 50만 원으로도 충분히 살 수 있다고 생각한다. 최소한의 생활비로 살아가는 라이프 스타일은 내가 좋아서 선택한 것이다. 강요에 의한 것도 아니고, 절제하기 위해 스스로를 몰아세우지도 않는다. 잔고가 두둑한 통장 덕분에 늘 여유가 넘쳐서 오히려 즐겁다.

　미니멀하게 살다보니 매일같이 사소한 지출을 할 필요가 없어졌다. 옷은 연례행사처럼 가끔씩 사고, 화장품은 한 번 사면 1년 이상 쓰고, 차도 없고 술도 마시지 않고, 부양할 가족도 없다. 외식에 제약이 많은 식성 덕분에 외식비도 거의 쓰지 않는다. 4년 학부 생활 동안 틈틈이 모은 돈으로 유럽, 싱가포르, 말레이시아, 대만 등 해외여행을 했다. '내일로 패스'를 활용해 국내 여행도 했고, 템플 스테이도 여러 차례 했다. 물질이 아닌 배움과 경험에 거침없이 투자했고, 원하는 일 앞에서 망설이지 않고 행동했다. 하고 싶은 것을 돈 때문에 못했다고 느낀 적은 한 번도 없다. 절약은 내 생활의 우선순위가 아니다.

생활비에 대한 제약은 나에게 일종의 안전장치 역할을 한다. 아직 내 씀씀이를 100퍼센트 신뢰하지 않기에 불필요하게 새어나가는 돈을 막기 위해서다. 나중에 정말 하고 싶은 일이 생겼을 때 돈이 없어서 씁쓸함을 느끼고 싶지 않다.

그래서 20대에 만든 것이 다음 리스트다. '씀씀이 절약 Tip'이라고 할 수 있는데, 특히 사회 초년생 시절에 매우 요긴했다.

*집에서 요리해 먹기

3일에 한 번 정도 필요한 식자재 장을 본다. 그리고 거창한 조리법이 아닌 단순한 방법으로 요리해서 먹는다. 재래시장이나 할인 마트의 '세일 코너'에서 저렴한 가격의 재료부터 산 뒤, 조리법을 생각한다.

*도시락 챙기기

한 끼에 5, 6천 원이라도 한 달이면 15만 원이다. 점심 도시락을 싸 가면 집밥으로 건강도 챙기고 식비도 줄인다.

*마트는 마감 1시간 전에 가기

문 닫기 직전에 마트를 가면 떨이로 모든 물건을 싸게 판다. 장 볼 때는 기다렸다가 마트 마감 시간 직전에 간다.

*교통비는 교통 카드로

교통 카드 겸용 체크 카드나 신용 카드는 후불 형식이다. 무의식중에 택시를 타거나 과소비할 가능성이 있다. 교통비는 교통 카드로 결제하는 것으로 한정하면 잔액이 눈에 훤히 보여서 경각심이 생긴다.

*환승 할인으로 교통비 줄이기

교통수단을 이용할 때는 환승 할인이 가능하도록 빨리 끝낼 수 있다면 30분 안에 용무를 마친다.

*쇼핑할 때는 꼭 구매 리스트를 작성하기

계획에 없는 충동구매를 막아준다.

*새것을 사기 전 중고 장터 한 번 더 보기

옷이나 몸에 바르는 화장품은 좀 꺼림칙하겠지만, 그 외 물건은 중고라도 사용하는 데는 새것과 큰 차이가 없다. 때로는 새것이나 마찬가지로 상태가 좋은 물건인데도 가격은 절반이다.

＊소셜 커머스를 적극적으로 활용하기

각종 소셜 커머스 서비스가 활발하다. 전시회, 여행, 마사지 등을 저렴한 가격에 제공한다. 수입 상품 중 식품은 오프라인보다 온라인이 더 저렴하다. 오프라인 매장에서 구하기 힘든 물건도 많으므로 적극적으로 활용한다.

＊물건 팔기

쓰지 않는 물건, 읽지 않는 책, 불필요한 가구를 적극적으로 찾아서 중고 장터, 벼룩시장에 판다. 큰돈은 안 되지만 수입이 꽤 쏠쏠하다. 자리만 차지하는 물건이 꼭 필요한 누군가에게 쓰인다면 더 좋은 것 아닌가?

＊선 저축, 후 생활

수입이 있을 때 일단 저축부터 한다. 이게 가장 확실한 방법이다. 돈이 없으면 허리띠를 졸라맬 수밖에 없다. 적금 통장을 만들어서 뒷일 생각하지 말고 일단 저축부터 하자. 어떻게든 살아진다.

＊결제 수단을 바꾸기

카드를 없애고 현금을 쓴다. 일주일 생활비를 지갑에 넣고, 현금 이외에는 어떤 결제 수단도 사용하지 않는다. 5만 원만 넣고 다닌다면 사고 싶은 게 있어도 그날 밤 저녁을 굶고 싶지 않다면 알아서 절제할 수밖에 없다.

*약정이 비교적 짧은 적금 통장을 만들어서 자동 이체 신청하기

'여행', '내 집 마련'과 같은 큰 목표를 설정하고 1년 또는 2년 약정의 적금 통장을 만든다. 수입 통장에서 적금 통장으로 매달 10만 원, 20만 원씩 자동 이체되도록 한다. 시간이 쌓이면 몰라볼 정도로 저축액이 늘어난다.

*학생이라면 최대한 일찍 졸업하기

재학 기간이 길어질수록 등록금 부담도 커진다.

*불필요한 고정 지출 줄이기

케이블 TV를 끊는다. 달마다 나가는 티끌 같은 케이블 TV 요금도 모으면 태산이 된다. 술을 좋아한다면 술을 줄인다. 술자리가 있어야 만나는 친구라면 진짜 친구가 아니다. 흡연자라면 이참에 돈도 아끼고 건강도 지킬 겸 절연해보자.

*사소하게라도 돈이 되는 일은 주저하지 말고 하기

나는 전공이 중국어라 간혹 통역이나 번역 일을 권유받는다. 시간도 없고 부담도 되지만 일단 승낙한다. 시간은 만들면 생기고 안 되는 일은 하게 만들면 된다.

＊지출을 추적하기

영수증을 받거나 외식을 할 때는 꼭 사진을 찍어 놓는다. 자기 전에 그날 하루 동안 쓴 돈을 계산해본다. 월말에는 다음 달에 개선해야 할 점과 아낄 수 있는 품목들을 되짚어본다.

＊공공 기관을 적극적으로 활용하기

주민 센터에 가면 무료 또는 적은 액수로 인쇄도 할 수 있고 복사도 할 수 있다. 웬만한 도서, DVD, CD, 잡지는 도서관에서 볼 수 있다. 구청이나 주민 센터는 무료 영화 상영회도 진행하고, 그 외 합리적인 가격의 프로그램도 많다.

＊영화는 조조할인으로

아침에 한 시간만 일찍 일어나면 저렴하게 문화생활을 할 수 있다. 게다가 하루를 일찍 시작하면 그만큼 시간을 번다.

＊통신사 멤버십 카드 만들기

통신사 모두 멤버십 카드를 만들 수 있다. 통신사 할인은 다양한 항목에 적용되고 할인폭도 크다. 외식비, 각종 공인 기관 시험 응시료, 관람료 등을 많게는 30퍼센트까지 할인 받을 수 있다.

＊파마, 염색과 이별하기

미용실 한 번 가면 돈 10만 원은 우습다. 트리트먼트, 영양, 이것저것 권유하는 미용사의 얘기를 듣는 것도 피곤하다. 딱 커트만 해달라고 처음부터 단호하게 말한다. 염색하고 파마하면 머릿결이 상하고, 상한 머리 복구하기 위해 손상 모발 케어를 받는다. 시간이 지나면 정기적으로 뿌리 염색도 해야 한다. 결국 다 돈이다. 파마와 염색과 결별하면 머릿결도 지키고 내 지갑도 지킬 수 있다.

＊집에서 손세탁하기

니트 소재 옷이나 블라우스 종류도 울 샴푸를 물에 풀어서 조물조물 잘 빨면 굳이 세탁소에 맡기지 않아도 깨끗하게 입을 수 있다. 단, 고급 소재는 아깝다고 집에서 빨다가 망치지 말고 세탁소에 맡길 것을 당부한다.

가격은 물건을 고르는 좋은 기준

 미니멀리스트라고 하면 대개는 물건의 품질을 최고의 가치로 여긴다고 생각한다. 하지만 나는 '가격'을 많이 본다. 특히, 생필품과 소모품을 구매할 때는 그 기준이 '가격'일 때도 많다. 늘 그렇지는 않지만, 가격은 선택의 폭을 줄여주고 고민하는 시간을 단축해준다. 쇼핑을 즐기지 않는 나는 언제나 짧고 굵게 쇼핑을 한다. 선택지가 너무 많을 때 당황하지 않고 빠른 판단을 내리려면 구매에 대한 확고한 기준이 있어야 한다.
 나는 저렴함이 반드시 저품질을 의미한다고 생각하지 않는다. 도리어 실질적인 가치에 비해 지나치게 과대평가된 명품 브랜드를 경계해야 한다고 생각한다. 품질과 성능은 사용해보지 않으면 알 수 없다. 모든 제품을 한 번씩 다 사용해보는 건 현실적으로 불가능하다. 그럴 때 기준을 '가격'으로 정하면, 사고자 하는 상품의 범주 내에서 '최저가'를 사면 그만이다.

예컨대 스파게티 면이나 토마토소스는 성분 면에서 큰 차이가 없기 때문에 '무조건 오뚜기!', '무조건 백설!'처럼 브랜드 선호가 확고하지 않다. 그래서 나는 그냥 제일 싼 걸 산다. 면양말, 물주전자, 휴대폰 보호 필름, 카디건, 티셔츠, 속옷도 마찬가지다. 소재가 같고 기능이 고정된 물건은 매대에 있는 것 중 가장 저렴한 것을 산다.

저렴하다고 다 비지떡은 아니다. 기능이 단순한 생필품이나 공산품을 살 때 '최저가'를 선택하면 절약도 하고, 선택의 폭을 줄여 고민하는 시간도 아낄 수 있다.

추억은 디지털화한다

누구나 그렇듯이, 과거의 좋았던 기억을 놓고 싶지 않다. 놓지 못하는 심정을 대변하는 것이 과거의 물리적 잔재들이다. 친구들한테 받은 편지, 수업 시간에 주고받은 쪽지, 친구가 준 열쇠고리, 이 모든 것을 단 하나도 버리지 않고 모두 모았다.

나는 과거에 갇힌 사람이 아니다. 현재를 살아가는 사람이고, 뒤를 돌아보기에는 아직 너무 젊다. 앞으로 나아가야 할 내게 과거의 흔적들은 왠지 모르게 나의 어깨를 무겁게 했다. 과거는 어차피 미화된다. 기억 속에서 세세한 부분은 잊히게 마련이다. 그러나 과거의 조각이 모여서 현재의 나를 만들어 낸 사실은 변하지 않는다. 물리적 형태가 사라진다고 추억 또한 사라지는 것은 아니다. 가끔 잊었던 추억의 물건들을 열어볼 때면 옛 생각에 잠겨 센티멘털해진다. 그러나 어쩌다 한번 볼 뿐이다. 그마저도 정리해야지 하고 결심한 대로 '버림'을 실천하는 날, 보게 된다.

이번은 달랐다. 전부 폐기 처분을 했다. 편지는 몇 편 골라서 스캔했다. 스캔한 편지는 날짜를 넣고 PDF 파일로 만들어서 보관하고 있다. 물론, 이 파일은 지금까지 한 번도 열어보지 않았다. 다만, 아직은 백업 없이 버릴 정도로 내가 매몰차지 못해서였다. 좋았던 기억을 좀 더 간직하고 싶었다.

디지털화하는 작업은 망설이는 사람에게 좋은 도구다. 미련이 남아 버리지 못했던 물건들을 떠나보낼 수 있게 해준다. 과거를 털어내야만 현재를 충실하게 살 수 있다. 오늘을 온전하게 사는 사람만이 더 활기찬 내일을 만든다.

버리기 중독을 경계할 것

1년 이상 미니멀리즘을 실천하다보면, 어느 순간 더 이상 버릴 물건도, 정리를 할 필요도 없어진다. 그런데도 어떻게든 버릴 게 없나 집 안을 샅샅이 뒤지기도 한다. 내 지인은 무조건 버려야 한다는 강박에 침대를 버리고 극단적으로 좌식을 선택한 뒤 괴로운 나날을 보냈다. 자신에게 편한 공간을 만드는 게 우선인데, 버리기 중독에 걸린 나머지 막무가내로 버리고 후회하는 것이다. 그 지인은 결국 침대를 재구매해야 했다.

미니멀리즘은 자신에게 소중한 것을 지키기 위해 불필요한 것들을 없애는 과정이다. 필요한 물건까지 버리는 극단적인 선택으로 생활을 불편하게 만들면 또다시 물건을 사는 낭비의 미로에 갇히게 된다. 버리기도 집착하기 시작하면 중독된다.

중요한 건 낭비를 하지 않는 것이지, 무조건 버렸

다고 뿌듯해하면 안 된다. 또 물건의 양으로 사람을 판단하거나 물건이 많은 사람을 비난해서도 안 된다. 물건을 살 때마다 죄책감을 느끼거나 스스로를 탓할 필요도 없다. 반드시 필요한 물건을 신중하게 샀을 때는 오히려 스스로를 칭찬하자.

3부
버림과 비움 이후

나의 진짜 가치

　미니멀리즘을 실천하는 삶을 살면서 내 주위를 꼭 필요하고 소중한 것들로만 채우기 위해 노력하고 있다. 이 삶을 살면서 '소중한' 것들을 위해 '불필요한' 것들을 조금씩 버리고 기부하고 팔고 없앴다. 이제 내 주위에 남은 물건은 얼마 없다. 옷도, 신발도, 가구도, 보석도, 전자 제품도······. 전부 없어도 '괜찮은' 것들이었다. 나는 없어도 괜찮은 것들과 살고 싶지 않다. 없으면 '안 되는' 것들과 살고 싶다.
　물건은 변한다. 재물도 한여름 밤의 꿈과 같다. 반짝하는 인기나 주목, 관심도 금방 사라진다. 내게 가치 있는 것들은 덧없는 것이 아니다. 세월이 지나도 변하기는커녕 오히려 멋을 더해가는 것들이다. 바로 성격, 말투, 재능, 나눔, 감정, 감성이다. 온화한 성격, 다정한 말투, 유머, 연민, 약자를 돕고자 하는 따뜻함, 정의감은 변하지 않는다. 시간이 지날수록 가치가 더 높아진다.

누구나 세상으로부터 인정받고 싶어 한다. "나는 가치 있는 사람이야!"라고 소리친다. 쉽게 변하는 가치들로 한순간 인정받을 수는 있어도, 가진 것을 모두 잃고 나면 철저히 외면당한다. 하지만 영원히 잃어버릴 수도 사라지지도 변하지도 퇴색하지도 않는 가치들이라면? 세상은 오래도록 내 가치를 인정하고 존중해줄 것이다. 나는 오늘도 스스로에게 묻는다. '내게 진정으로 가치 있는 것들은 무엇인가?'

첫째는 독서다. 지식과 배움은 쌓일수록 내 삶을 풍요롭게 하고 넓은 시야를 갖게 해준다. 독서는 여행이기도 하다. 새로운 곳으로 떠나고, 만나보지 못한 사람을 만나고, 좋은 친구를 사귀고, 새롭고 놀라운 경험을 할 수 있는 게 여행이다. 독서도 그렇다.

둘째는 글쓰기다. 인간은 누구나 표현의 욕구가 있는데 내게는 '글쓰기'가 가장 알맞은 표현 방법이다. 독서를 통해 타인의 삶을 배운다면, 글로 나의 삶을 나눈다. 이는 내게 더없이 큰 행복이다.

셋째는 건강이다. 우리가 가진 '몸'은 딱 하나뿐

이다. 몸은 인생 끝까지 나와 함께한다. 그래서 잘 먹고 틈틈이 운동하는 것이 중요하다. 몸을 과하게 쓰거나 정신적 압박을 주지 않으려고 늘 조심한다. 명상, 요가, 가벼운 근력 운동도 도움이 된다. 좋은 음식을 먹는 것도 '건강'한 몸을 위해 지켜야 할 중요한 수칙이다. 신선한 야채와 과일을 먹고 적당한 단백질을 섭취하기 위해 늘 노력한다.

넷째는 여행이다. 어릴 적에 어머니가 친구 집에 놀러 가거나 이사 갈 집을 보러 갈 때면 나도 데리고 가달라고 조르곤 했다. 남들 사는 모습이 너무 궁금하고 보고 싶었다. 이사 갈 집이 빈집인데도 기어이 따라가서 보겠다고 떼를 썼다. 그래서 수필을 좋아한다. 경험해보지 못한 장소, 낯선 사람은 내 열정을 다시 확인하게 해준다. 선입견과 고정 관념을 무너뜨리며 넓은 시야와 너그러운 마음을 갖게 해주고, 창의적인 영감과 활력의 기운을 불어넣어준다.

다섯째는 배움과 성장이다. 배움을 통한 성장과 성취는 삶을 생기 있게 만들어준다. 그래서 도전 앞에서 망설이지 않는다. 운동 신경은 없지만 암벽 등반도 승마도 일단 해본다. 캘리그래피도 해보고 서

예도 시도했다. 궁금하고 잘하고 싶고 재미있어 보이면 무작정 뛰어든다. 도전과 시행착오가 있어야 내게 맞는 일도 찾을 수 있다.

한번쯤 진지하게 고민해볼 필요가 있다. '내게 진정으로 가치 있는 것은 무엇일까?' 그것이 재물이어도 괜찮다. 정확한 이유가 있고 의미를 부여할 수 있으며 스스로에게 충만한 행복을 준다면 무엇이든 좋다.

건강 관리

심플한 삶을 살면 연관성이 없어 보이는 분야의 일도 잘하게 된다.

먼저, 건강이다. 건강하게 먹고 규칙적으로 운동하면 질병 없이 장수하는 건 누구나 다 아는 사실이다. 미니멀리스트를 자칭하는 사람들은 대체로 몸이 탄탄하고, 규칙적으로 운동하며, 채소와 과일 위주의 건강한 식단을 유지한다.

균형 잡힌 식단과 규칙적인 운동을 생활에 적용하려면 두 가지가 우선해야 한다. 운동을 하려는 의지와 내 몸을 생각하는 마음이다. 이 두 가지는 평상시 쌓은 생활 방식으로 경험치를 올려야 할 기술이다. 하지만 특별히 생활 방식을 바꾸지 않고도 가능하다. 일단 방을 휑하게 비우면 된다. 그러면 놀랍게도 내 몸을 생각하는 마음을 먹게 되고, 실천은 별다른 수고로움 없이도 수월하게 이루어진다.

내 방에는 물건이 거의 없다. 특별한 이유가 없는 한 매일 밤 12시면 잠자리에 든다. 지저분한 방에 살던 때는 치워야 할 잡동사니들이 나를 압박해 보이지 않는 스트레스를 줬다. 스트레스를 풀기 위해 늦은 시각까지 컴퓨터를 하고, 과자를 먹고, 친구들과 채팅을 하고…… 그러느라 더 어지르기 일쑤였다. 아침에는 무겁고 피로한 몸을 질질 끌면서 오로지 정신력으로 버티는 악순환의 연속이었다.

하지만 이제 늦잠 자는 일은 결단코 없다. 늘 같은 시간에 눈이 떠진다. 방 안은 깨끗하고 잠자리를 준비하는 시간도 없다. 이불을 펴서 베개를 놓으면 방은 순식간에 침실이 된다. 여름에는 창문을 늘 열어놓는다. 밤에는 시원한 밤바람이 불고, 아침이 되면 햇살이 창문으로 비껴 들어온다. 에어컨도 선풍기도 사용하지 않는다. 바람이 잘 통해서 자연 바람으로도 충분히 시원하다. 그렇게 방해 요소가 사라진 텅 빈, 다소 휑하기까지 한 방은 머리를 맑게 해 준다.

과거 너저분한 잡동사니가 뒤엉켜 있던 방에서는 천근만근 무거운 몸을 이끌고 집에 와도 편히 쉴 수 없었다. 자기 위해 치워야 할 짐이 산더미였고, 치우는 일을 미루다 밤이 샜다. 그렇게 생활은 엉망이 되어갔다. 주말에는 만사 귀찮아져 아침부터 저녁까지 씻지도 않았다. 잠옷 차림 그대로 눈곱도 떼지 않은 채 하루 종일 방에 박혀 있었고, 배가 고파지면 손쉽게 구할 수 있는 편의점 음식을 사 먹곤 했다. 그렇게 건강은 내리막을 걸었고, 좋아하던 운동도 나 몰라라 외면했다.

물건을 없애고 특별히 청소나 정리 자체가 필요 없어지자, 자연스럽게 균형 잡힌 생활이 시작됐다. 눈을 뜨면 깨끗한 방과 창가의 햇살이 시야에 들어온다. 상쾌한 마음으로 하루를 시작한다. 이불을 정리해서 잘 개어놓고, 가벼운 몸으로 세수부터 한다. 편한 활동복으로 갈아입고, 날이 좋으면 자전거를 탄다. 기분이 항상 좋아서 늘 운동을 하고 싶다는 생각이 든다. 해야 한다는 강제성은 없다. 운동도 하고 싶을 때, 기분이 내킬 때만 한다. 하지만 운동을 하면 기분이 훨씬 더 좋아질 것을 알고 있다. 그래서 습관처럼 운동을 하는 편이다.

어떤 방해 요소도 없고 매일같이 쓰는 물건들만

있는 방에서는 '나'를 위해 집중하기가 쉽다. 틈만 나면 방에서 스트레칭을 하고 요가를 한다. 방은 넓지 않아도 요가를 하기에는 충분한 공간이다. 이 또한 기분이 좋으면 콧노래가 나오듯이, 습관처럼 몸에 밴 동작이다. 아침에는 자전거를 타고 조깅을 한다. 좋아서, 기분이 좋아지니까, 행복해서 한다.

 나를 사랑하는 마음이 강해지고 내 몸의 소리에 귀 기울이는 훈련을 하면서 음식을 대하는 태도도 달라졌다. 좋은 음식, 건강한 식단, 내 몸이 감사할 식품을 찾기 시작했다. 몸을 해치고 마음을 병들게 하는 음식은 본능적으로 꺼려졌다. 집에는 늘 사과, 아몬드, 바나나, 토마토처럼 건강하고 신선한 야채와 과일이 있다. 번거로운 조리 과정도 없고, 설거지도 필요 없다. 언제나 쉽고 건강하게 여유 있는 식사를 한다. 해야 해서 하는 것이 아니라 좋으니까 한다. 그래서인지 모든 일이 어렵게 느껴지지 않는다. 건강한 식사를 하는 일도, 운동을 하는 일도, 이를 닦고 화장실을 가는 것처럼 일상이 되었다.

 나조차도 믿기지 않는다. 나는 변함없이 같은 사람이고, 주변 환경도 변하지 않았다. 난 단지 불필요한 물건을 버리고 공간을 비웠을 뿐이다. 비움과 청소 두 가지만으로 내 하루의 시작과 끝의 질이 달라졌다. 나는 내가 '저녁형' 인간이라고 생각했다. 하지만 나는 완벽한 '아침형' 인간이었다. 수면의 질이 좋아지자 몸이 스무 살 때보다 더 가볍고 건강해졌다. 매일 같은 시간에 알람 없이 눈을 뜬다. 규칙적으로 운동하고, 늘 건강한 식단을 유지한다. 과식을 하지도 않고 야식과 폭음도 없다.

과거에는 이상하게 늘 기분이 좋지 않았다. 요즘은 이유는 모르지만 시도 때도 없이 기분이 좋다. 달라진 점이라고는 물건이 있고 없고 그 차이뿐이다.

실천은 자연스럽게 따라온다

성장과 성취는 나의 행복에 많은 기여를 하는 만큼, 나는 누구에게나 공평하게 주어진 시간을 최대치로 활용하려고 노력한다. 과거에는 해야 할 일조차도 미루기 일쑤였고, 어찌어찌 할 일을 마치고 나면 무기력증이 몰려와 만사가 귀찮아지곤 했다.

예전에는 무슨 일이든 철저히 계획을 세웠다. 누구보다 열심히 산다고 자부했다. 그러나 정기적인 일정이 없으면 집 밖으로 나가지 않았고, 어떤 생산적인 경제 활동도 하지 않았다. 사람과의 만남도 즐기지 않고 활동적인 취미도 없어서, 간간이 머리를 식히기 위해 자전거를 타거나 산책을 하는 것이 전부였다. 개인적 성장과 성취를 위한 노력도 늘 계획뿐이었지 실천으로 옮기지 않았다. 꿈은 있었지만, 무엇을 어디서부터 어떻게 시작해야 할지 감도 잡히지 않았다. 늘 잡을 수 없는 꿈 앞에서 좌절했다.

이제 더 이상 계획을 세우지 않는다. 하지만 그 어느 때보다 내 꿈에 확신을 갖고 있으며, 꿈에 가까워지기 위해 무엇을 해야 할지 정확하게 알고 있다. 하루하루가 모여 성장이 된다고 생각을 한 순간부터 1분 1초가 소중하고 놓치고 싶지 않은 순간이 되었다. 어제보다 한 뼘 성장한 내 모습을 바라보는 게 좋다.

상황은 변하지 않았다. 내가 변했다. 삶을 대하는 태도가 변하자, 탓하고 원망해야 할 대상은 상황이 아니라 불평을 일삼는 나 자신임을 깨닫게 되었다.

즐거움을 주는 성장을 위해 매일 행동하기 시작했다. 열정은 있었지만 실천하지 않던 일들을 향해 조금씩 걸어갔다. 삶의 태도를 개선하는 데 미니멀리즘은 분명 일조했다. 꿈을 이루고 생산적인 하루를 보내는 것과 미니멀리즘, 얼핏 보면 둘은 상관관계가 전혀 없어 보인다. 그러나 건강 관리가 말도 안 되게 수월해진 것도 미니멀리즘을 삶에 적용하면서 일어난 변화 중 하나다.

목표를 달성하는 과정도 마찬가지다. 물건을 없애는 행위 자체가 변화를 일으킨 것은 아니다. 변화는 비움이 주는 심리적 후광 효과에서 비롯되었다. 매일 아침 7시면 어김없이 눈을 뜬다. 자로 잰 듯 규칙적인 수면 패턴을 유지하고, 알람 없이도 늘 비슷한 시간에 기상한다. 몸이 자연스럽게 햇빛과 바람에 반응한다. 방 안 공기가 늘 상쾌하다. 통풍이 잘되는 공간은 머리를 맑게 하고 창조성을 촉진한다.

시간을 허투루 쓰지 않고, 내적 성장과 육체 건강을 위해 매 순간을 생산적으로 사용한다. 매일 블로그에 글을 쓰고 분기마다 책을 한 권씩 내기 위해 원고 작업도 게을리하지 않는다. 외출조차 즐겨 하지 않던 예전과 달리, 지금은 매일 어디론가 향한다.

늦은 시각까지 소비적인 활동에 매몰되어 피로를 쌓는 일도 없고, 생활 리듬을 깨고 에너지를 빼앗는 활동에 휘둘리지도 않는다. 술도 마시지 않고, 말실수도 좀처럼 하지 않으며, 뱉은 말에 책임을 다하고, 말보다 행동으로 보여주고, 약속은 철저하게 지킨다.

과거 계획을 위한 계획을 할 때, 가려진 동기를 묻지 않은 채 목표만을 위해 전력 질주할 때, 종종 이 모든 노력이 무엇을 위한 것인지 회의를 느꼈다.

본래도 생각이 많던 머릿속은 지저분한 환경으로 더 복잡해져, 늘 불필요한 정보들로 뒤엉켜 있었다. 스트레스를 잘 받는 성격으로 인해 더 많은 스트레스를 받았다. 내가 가진 창의성은 용량 초과 경고 메시지 탓에 죽어갔다.

지금은 내가 무엇을 위해 어떤 일을 하고 있는지 자신 있게 이야기할 수 있고, 그 이상을 이루기 위한 행동을 절대 게을리하지 않는다. 꼭 필요한 물건들만 있는 환경 덕분에 나는 중요한 일에 좀 더 집중할 수 있고, 가치 없는 일에 들이던 시간을 가치 있는 일에 쓰게 되면서 행동력이 강해졌다. 인생의 우선순위가 명확해지고 고민은 줄었다. 고민할 시간에 행동하니 하루하루가 충실해졌다. 내가 특별히 자기 관리 능력이 뛰어나서가 아니다. 관점이 바뀌면서 이 모든 일이 너무도 쉬워졌을 뿐이다. 자기 관리는 누구나 할 수 있다. '왜'와 '어떻게'가 명확해지면 실천은 자연스럽게 따라온다.

운동을 하고 건강하게 먹어야 한다는 강제성만 있고 더 중요한 '왜'를 알지 못한다면, 분명 지속하기 힘들다. 매일 운동을 하면서 받는 스트레스만 더 커질 뿐이다. 지속하지 못하는 이유는 개인의 능력 부족이 아니라 깊이 있는 물음이 없어서다. 원하는 일이 있다면, 이루고 싶은 이상이 있다면, 살고 싶은 인생이 있다면, 무작정 달려가기보다는 내가 왜 이런 삶의 방식을 추구하는지 스스로에게 물어야 한다.

그리고 그 물음의 과정은, 물건을 줄이고 간소한 삶을 추구할수록 쉬워진다. 자기 관리를 잘하는 사람이 아니라, 생활이 곧 자기 관리인 셈이다.

물건과의 까다로운 만남, 이별에 대한 두려움

아끼는 가방과 이별해야 할 것 같다. 가방끈이 달려 있는 부분이 찢어진 지는 좀 됐는데, 이제 아슬아슬하게 겨우 매달려 있는 지경이 됐다.

이 가방을 산 날이 떠오른다. 내가 제일 좋아하는 청록색인 데다 크기도 무게도 마음에 쏙 들어서 냉큼 구입했다. 약 2년을 매일같이 들고 다녔다. 무거운 전공 서적도 거뜬하게 버텨냈고, 온갖 소지품을 다 담을 수 있는 여유 공간도 충분했다. 가방이 이것 하나뿐인 건 아니었지만, 막상 들고 나서는 건 늘 이 가방이었다.

예전에는 망가진 물건에 대한 별다른 감정이 없었다. 아니, 망가질 때까지 진득하게 쓴 물건이 없었다고 해야 하나……. 지금은 가방끈이 너덜거리기 시작할 때 애써 모른 척하고 싶었다. 신발 밑창이 떨어지거나 쓰던 가방이 망가지면, 또 하나 사야

지라는 생각보다는 새로운 물건을 사야 한다는 스트레스가 앞선다. 언젠간 다가올 이별에 대한 두려움이 더 커졌다. 그래서 물건 하나 사는 데 시간이 많이 걸린다. 200퍼센트 마음에 쏙 들지 않으면 물건을 사지 않을 만큼 까다로운 소비자가 되었다. 이제 이 가방이 떨어지면 나는 한동안 들고 다닐 가방이 없다. 너덜거리는 가방을 두고 불안을 느끼고 조금만 더 버텨달라고 호소하게 될지 누가 알았을까.

내 물건은 모두 오랜 시간 고민하고 산 물건들이다. 아무 물건이나 사지 않고, 아무 물건이나 내 삶에 들이지 않는다. 그만큼 내게 소중하고 중요하다. 생활에서 많은 부분을 차지한다. 가치를 인정하고 매일같이 사용하면서 애착은 점점 더 깊어진다. 그렇게 2~3년 넘게 쓰면 신발이든 가방이든 옷이든 낡고 해진다. 그럴 때면 나는 떠나보내야 한다는 사실을 부정하고 싶어진다. 소중한 존재일수록 '이별'은 쉽지 않다. 비단 사람뿐만이 아니라 물건도 그렇다.

나는 이 글을 쓰면서도 방 한구석에 놓인 가방을 보고 있다. 이렇게 가볍고 튼튼하고, 크기도 꼭 알

맞은 가방을 어디 가서 찾을 수 있을까? 이 가방이 내 생활의 일부가 될 수 있었던 건 축복이야. 제 할 일을 묵묵히 해내고 수명을 다한 가방에게 미안함이 밀려온다. '가방 하나 가지고 논문 한 편을 쓰나, 주책이다.' 라고 타박할 수도 있다. 하지만 그만큼 이 가방은 내게 소중한 존재다. 사랑하는 사람의 죽음 앞에서 눈물을 흘리듯이, 물건도 같은 대접을 받을 가치가 충분히 있다. 불평불만 한마디 없이 묵직한 물건들을 지탱하고, 차가운 강의실 바닥 위에 놓이고, 튼튼한 손잡이로 어깨의 부담을 덜어준 고마운 존재다.

귀가하면 늘 가방 속을 비워 부담을 덜어주고 청결하게 보관하려고 노력했다. 그 노력으로 조금은 미안함과 섭섭함을 달래본다. 새로운 가방과 적응하려면 또 시간이 좀 걸리겠지. 다음에 쓰게 될 가방도 이번만큼 소중하게 오래오래 쓰겠다고 약속한다.

집중하고 성취한다

 아무것도 없는 방은 장점이 참 많다. 우선, 공간이 넓다. 막상 살아보면 한 사람이 사는 데 필요한 공간은 얼마 되지 않는다. 좁다고 느껴지는 이유는 물건이 많아서다. 가구가 지나치게 많거나, 바닥에 잡다한 물건을 많이 놓았거나, 선반 위에 장식품이니 책이니 이것저것 많으면 집이 좁아 보인다. 물건을 팔고, 기부하고, 버려보자. 집이 몰라보게 넓어지고 쾌적해진다. 청소 스트레스가 줄고 마음이 편안해진다. 물건을 관리하고 돌보고 치우는 데 쓰던 시간이 줄어, 자유도 늘어난다.

 방해물과 유혹이 되는 물건이 없으면 집중하기 쉬워진다. 집중해서 무언가를 할 시간이 많아지면 자연스럽게 여러 가지 목표를 성취할 수 있다. 성취는 자존감으로 이어진다. 나를 행복하게 하는 일, 내가 열정적으로 할 수 있는 일에 집중하다보면 내면이 튼튼해진다.

주위를 둘러싼 물건들, 정리되지 않은 잡동사니는 스트레스를 야기하고 불안감을 조성한다. 매 순간 분리수거를 철저히 하며 미니멀리즘을 실천하면 관계에 집착하지 않고, 잘 보이려고 애쓸 필요도 없으며, 타인의 생각에 얽매이지 않고, 스스로를 온전히 사랑하기에 불안하지 않고 여유롭다.

소유하는 부피를 줄이면 정신적인 여유 공간이 늘어난다. 가치 있는 삶에 대한 풍부한 사유를 할 수 있고 이는 행복과 직결된다. 더 가져야 한다는 생각, 없는 것에 대한 미련과 욕심도 생기지 않는다. 텅 빈 방을 보고 있으면 공허함보다 평온함을 느낀다. 독소로 꽉 막혀 있던 혈관들이 뻥 뚫린 것처럼 말이다.

한결같이 곁에 있어줄 단 한 명의 친구

오늘 친구와 통화를 하다가 느꼈다. 내가 적은 친구, 협소한 인간관계로도 늘 당당하고 행복할 수 있는 이유는, 언제 어디서나 나를 응원해주는 진실한 친구가 있기 때문이다. 멀리 떨어져 있어도 항상 서로를 생각하고, 재미없는 소소한 일상에도 웃어주고, 어떤 고민도 다 털어놓을 수 있는 친구가 옆에 있다는 것은 축복이다. 내 주변에 남아 있는 모든 사람들은 깊다. 나는 과거에 고민거리는 얘기하지 않아야 한다고 생각했다. 하지만 그런 생각을 친구들이 바꿔줬다.

유난히 긴 하루, 생활의 균형과 평정심이 모두 깨져버린 날, 몸도 마음도 지쳐서 조퇴를 하고 집에 가면서 점점 더 늪으로 빠져드는 기분을 내버려둘 수가 없어서 본능적으로 친구에게 전화를 걸었다. 친구는 통화 연결음이 몇 번 울리기도 전에 전화를 받았다. 집으로 돌아가는 버스 안에서 쏟아내듯이 이야기를 털어놨다. 오래 만나지 않아도, 자주 보지 않아도 늘 우리는 서로를 생각한다. 원할 때는 언제든지 달려가서 옆에 있어준다. 격한 반응도 없고 질문도 하지 않는다. 울고 있으면 말없이 와서 꼭 안아주는 그런 친구다. 울먹이는 전화 목소리를 듣고, 잠옷 차림에 민낯으로 택시를 타고 나를 보러 와주는 그런 친구다. 곁에 있어주는 그 자체가 힘이다. 나는 확실히 친구가 적다. 하지만 열 명의 친구보다 단 한 명이라도 나를 진실한 마음으로 지지해주는 친구가 있다면 그것이 더 큰 행복일 것이다.

행복과 기쁨을 나눌 수 있는 사람은 많다. 즐거움을 나누는 일은 누구나 할 수 있다. 내가 성공 가도를 달리고 있을 때 내 옆에서 꽃가루를 뿌려줄 친구는 언제든 찾을 수 있다. 하지만 내가 불행의 바닥을 기고 나락에 떨어져 불구가 되었을 때도, 내 옆에 무릎을 꿇고 앉아 있어줄 친구는 많지 않다.

매일매일 숨 쉬는 게 힘들 만큼 정신적으로 불안정한 시기가 있었다. 관계가 단절된 것은 물론이고, 집 밖을 나가지도 않고 은둔했다. 정말 우수수 떨어져나갔다. 매일같이 만나던 사람들도, 주말마다 놀자고 모였던 사람들도 거짓말처럼 연락이 뚝 끊겼다. 하지만 동시에 끈질기고 집요하게 곁을 지켜준 사람들이 있었다. 그런 친구가 단 한 명이라도 있다면 당신의 인생은 충분히 성공한 인생이다. 성공의 기준을 한 가지로 정의 내릴 수는 없지만, 나락의 길도 함께 걸어주고 아픔을 위로해주고 기쁨을 축복해줄 수 있는 친구가 있는 사람과 그렇지 않은 사람의 인생은 질이 다르다.

몇 명을 보지 말고, 한 명이라도 어떤 사람인지 봐야 한다. 진짜 부러워해야 할 사람은 친구가 많은 사람이 아니라, 영원히 한결같이 곁에 있어줄 단 한 명의 친구를 가진 사람이다.

4부
본질

소식

 과유불급이란, 지나침은 부족함만 못하다는 말이다. 비단 물건에만 해당하는 말이 아니다. 많은 현대인들이 결핍을 경험하지 못하고 살아간다. 그래서인지 무엇이든 많이 소비하고, 많이 먹고, 크게 말하고, 주목받기 위해 과하게 행동한다. 어쩐지 우리 사회는 양극단만이 존재하는 듯하다. 차고 넘치는 포화 상태이거나, 생존을 위협받을 만큼 부족하거나, 둘 중 하나다. 생존을 위협받는 정도가 아니라면 결핍의 미학을 즐겨야 한다.
 소화기 질환은 대부분 과식과 폭식으로 생겨난다. 굶으면서 위염에 걸린 사람은 못 봤다. 안타깝게도, 우리 사회는 결핍과 중용의 미덕을 실천하려는 사람에게 우호적이지 않다. 대형 마트의 쇼핑 카트는 점점 몸집이 커지고, 그렇게 커진 카트를 채우기 위해 우리는 물건을 셀 수 없이 담는다. 뷔페를 가면 다 먹지도 못할 음식을 가득가득 담고 본다. 그렇게 우리는 정서적으로 육체적으로 지쳐간다. 하루 세끼라는 강박에 갇혀서 아침에 먹은 음식이 채 소화되기도 전에 점심을 먹고 저녁을 밀어 넣는다. 당장 집 밖을 나서면 도처에 먹을거리가 넘쳐난다. 풍요롭다못해 음식이 우리 몸을 공격하고 있다.

200년 무렵에 활약한 그리스 작가 아테나이오스(Athenaeos)는 말했다. "그들은 먹기 위해 살고, 소크라테스는 살기 위해 먹는다." 어리석은 자는 먹기 위해 살고, 현명한 자는 살기 위해 먹는다는 뜻이다.

식욕에 지배당한 영혼은 영양을 채우기 위해서가 아니라 일시적 쾌락을 위해 먹고 마신다. 이렇게 과식과 과욕으로 얼룩진 우리 몸에는 독소와 노폐물이 쌓이고, 혈관에 낀 기름은 성인병을 유발하고, 가공식품의 과다 섭취로 몸은 점점 병들어간다. 많은 종교인들이 정기적으로 단식을 하는 것은 이미 잘 알려진 사실이다. 그들은 절제를 통해 정서적, 육체적 수양을 한다. 인간의 본능인 식욕을 억제하면서 자신의 한계를 확인한다.

소식이 장수의 비결이라는 사실은 여러 사례들로 검증되었다. 나는 가끔 12시간 이상 간헐적 단식을 한다. 단식을 할 때마다 느끼지만, 분명 배가 고프지 않은데도 10시간 이상 무언가를 먹지 않는 것이 참 어색하다. 도처에 손만 뻗으면 닿는 음식에 길들여져, 그동안 우리 몸이 얼마나 혹사당하고 있었는지를 느낄 수 있는 시간이다. 단식을 하면 단순히 음식이 몸 안에 들어오지 않을 뿐인데 집중이 더 잘된다. 빈속은 몸을 편안하게 해준다. 단식 후에는 시장이 반찬이라는 말을 실감한다. 무엇을 먹어도 더 맛있다.

현대 사회에서 음식이 차지하는 사회적 위치는 생존 그 이상이다. 괴롭거나 우울한 기분을 일시적으로 완화해주기도 하고, 특별한 날에는 특정 음식을 먹으며 애착을 형성하기도 한다. 그래서 더욱더 음식과의 관계 정립을 정확히 할 필요가 있다. 나에게 즐거움을 주고, 인생을 풍요롭게 만드는 수단이 되어야 할 음식이, 나의 정신을 장악하고 내 삶을 잠식하게 내버려두면 큰 재앙을 맞게 된다.

배가 고플 때 음식을 먹어야 한다. 허기질 때 균

형 잡힌 식단으로 적정량 식사를 하고 나면, 속이 따뜻해지고 정신이 맑아지며 힘이 난다. 이 느낌을 기억해야 한다. 불필요한 과식은 우리 몸이 제 기능을 하지 못하게 한다. 무기력하고 피곤하고 졸리고 몽롱해진다. 영양 결핍보다 무서운 게 영양 과잉이다. 음식은 적당히 먹었을 때는 에너지가 되지만, 과해지면 우리의 몸과 마음을 음식의 노예로 만든다. 결핍의 미학은 다른 어떤 것보다 '음식'에 적용해야 할 미덕이다.

인테리어

집은 집으로서의 기능에 충실하면 된다. 빛이 잘 들어오고 편히 쉴 수 있으며, 사랑하는 사람과 이야기를 나누고 맛있는 한 끼를 먹고 조용히 책을 읽고 사색할 수 있는 안락한 공간이면 된다. 인테리어를 하고 집을 꾸미는 과정 자체가 기쁨과 행복을 준다면 굳이 말리지는 않겠다. 하지만 한번 꾸민 집이 6개월 이상 가지 않는다면, 재고해보라고 권하고 싶다. 그렇게 버려지고 교체되는 소품과 장식은 대체 어디로 가는지 물어보고 싶다.

집은 그 안에 사는 사람의 정체성을 반영한다. 입은 옷처럼 나를 드러낸다. 꾸미지 않아도 삶의 방식이 집 안 곳곳에 스며들어 그 자체가 인테리어가 된다. 커피를 좋아하는지 차를 좋아하는지, 밝은 톤을 좋아하는지 어두운 톤을 좋아하는지, 취향이 아기자기한지 시크한지, 그 사람이 살고 있는 집을 보면

다 보인다.

우리 집에 화려한 색깔의 가구나 소품이 없는 이유도, 커튼이나 침대보가 무늬 없는 단색의 모노톤인 이유도 특별히 내가 무채색을 좋아해서가 아니다. 오래오래 쓰고 싶기 때문이다. 쉽게 마음이 변해서 물건을 또다시 버리게 되는 상황을 피하고 싶어서다. 인테리어를 하지 않겠다고 자신과 약속하면 많은 부분에서 자유를 얻는다. 소품 가게나 가구점에 가도 특별히 사고 싶다는 생각이 들지 않고, 살지 말지 갈등하지도 않는다. 소비를 합리화하기 위한 핑계를 찾느라 시간과 에너지를 낭비하지 않는다.

그래서 시간을 벌고, 욕망 앞에서 초연해지는 자제력이 생기고, 지갑도 무거워진다. 참기 위해 억누르는 게 아니다. 필요 없으니 눈길이 가지 않을 뿐이다. 사지 않아야 하는 물건은 없다. 만들면 생기는 게 이유다. 그래서 자신을 지나치게 믿으면 안 된다. 나의 기준은 결국 또 다른 주관이다. 물건 앞에서는 객관성과 이성만을 잣대로 판단해야 한다. 오늘, 내일, 다음 주, 다음 달, 한 해 동안 계속 매일

같이 쓸 물건인지, 가치 있고 내 삶을 풍요롭게 만드는 물건인지, 본래의 기능에 충실한 물건인지를 물어봐야 한다.

공짜

 흔히 '공짜 싫어하는 사람 없다'고 한다. 내 생각은 좀 다르다. '공짜'는 없다. 그래서 나는 공짜가 싫다. 세상에 존재하는 모든 물건, 가치에는 항상 대가가 따른다. 대가의 형태가 신체적 노동이든 재화든, 즐거움과 같은 감정적 노동이든, 항상 주는 만큼 요구한다. 그래서 나는 공짜가 싫다. 공짜 이름표 붙은 물건치고 제대로 된 것 못 봤고, 간혹 제대로 된 공짜라면 어떻게든 무언가 하나라도 더 받아 내려고 한다.

 다시 말해, 세상에 공짜를 위한 공짜는 없다. 화장품 업계는 '공짜' 샘플을 나눠 주며 후한 인심을 자랑한다. 비비 크림 한 통만 사도 샘플을 여러 개 넣어준다. 나는 샘플을 한 번도 유용하게 쓴 적이 없다. 방구석 어딘가에 잠들어 있다가 유통 기한이 한참 지나서 결국 버려지기 일쑤였다. 써보고 싶은 제품이 있으면 기억했다가, 그 제품으로 달라고 구체적으로 언급한다. 주는 대로 받지 않는다.

 공짜라고 다 모으다보면 그저 쓰레기만 늘어난다. 길에서 주는 물티슈나 휴지도 마찬가지다. 결국 홍보 수단이다. 휴지는 있으면 쓰게 되는 소모품이고 많을수록 좋다고 말하는데, 나는 동의하지 않는다. 휴지 자체에는 문제가 없다. 물티슈든 뭐든 물건은 중요하지 않다. 문제는 습관이다. 공짜를 좋아하기 시작하면 습관적으로 공짜라면 뭐든 챙기게 된다. 길에서 나눠 주는 모든 것을 '공짜'라는 이유로 다 받다보면, 그것에 딸려 오는 전단지나 명함 등 온갖 광고지도 받게 된다. 광고를 보다보면 '이것도 필요하고 저것도 필요하고, 왠지 있으면 도움될 거야', '없어서 아쉬운 것보다 있어서 안심인 게 더 좋지'라는 생각으로 이어진다. 그런 생각은 집 안에 쓰레기가 쌓이게 하고, 휴식 공간이 되어야 할 집은 창고가 된다. '공짜'는 잘못이 없지만, 공짜를 맹목적으로 좋아하는 마음은 경계해야 한다.

 얼마 전에 서랍 한구석에서 화장품 샘플 뭉텅이를 발견했다. 하나도 쓰지 않았다. 여행 갈 때 유용할지도 모른다고 모아두었지만, 정작 여행을 가서는 늘 사용하던 화장품만 썼다. '만일'은 절대 일어나지 않는다. '혹시나'도 '언젠가'도 없다. 물건을 버리고 후회할 일은 단 한 번도 일어나지 않는다.

만족

내가 늘 듣는 말이 있다. 어딜 가서도 듣고, 여행을 가거나 이사를 할 때도 듣는다. 집에 놀러 온 친구한테도 듣는다. "왜 이렇게 짐이 없어?"

짐이 없는 게 이상한 건가?

20인치 캐리어 하나로 여행을 갈 때 공항에서 만난 친구는 나를 걱정했다. 하지만 여행이 끝나고 한국으로 돌아올 때, 걱정하던 친구가 내 가방에 자리 좀 있냐고 물었다. 기념품을 넣을 자리가 없다고 내게 부탁을 했다. 그 친구는 내가 아닌 자신을 걱정했어야 했다.

지붕 아래 아늑한 누울 공간이 있다면 충분히 훌륭한 집이다. 어디 붙어 있는지도 모르는 방이 몇 개씩이나 있고, 쓰지도 않는 가구를 관리하면서까지 넓은 집에 살아야 할 필요가 없다. 허기를 면할 정도로 적당히 먹었다면 훌륭한 한 끼 식사다. 매일

같이 맛집을 찾아다니며 전국을 뒤지고 싶지 않다. 추위와 더위로부터 날 지켜줄 옷 몇 벌이면 충분하다. 적은 옷이지만 깨끗이 빨고 잘 관리해서 새것처럼 입고 다닌다면, 당신은 충분히 세련된 사람이다.

욕망이란, 브레이크 없는 폭주 기관차와 같다. 《나는 단순하게 살기로 했다》의 저자 사사키 후미오는 인간의 '익숙함'에 대해 이야기한다. 우리는 결국 익숙함의 메커니즘에 속해 있기 때문에 그 어떤 물건을 손에 넣어도 더 좋은, 더 많은, 더 비싼 것을 원하게 되어 있다.

난생처음 할머니가 주신 은가락지를 손에 꼈을 때의 기쁨은 이루 말할 수 없다. 하지만 남자 친구가 생기면서 커플링으로 14K 반지를 맞추면 은가락지는 관심에서 멀어지고, 14K 반지도 시간이 지나면 다이아몬드, 루비, 사파이어 등에 자리를 물려주고 외면당하게 된다. 결국 세상 그 어떤 금은보화를 가져다줘도 영원히 만족할 수 없다. 이 악순환의 고리를 끊어내는 방법은, 새로운 것으로 업데이트하지 않는 것이다. 마음에 드는 물건을 소중하게 생각하고 그것만 간직하면, 다른 것에 눈을 돌리지 않게 된다. 새것을 손에 넣는다고 내 행복의 부피가 늘어나지 않는다. 오히려 비교와 욕망으로 얼룩져 점점 더 우울하고 불행해질 뿐이다.

가진 것에 만족하고 그것을 매일 사랑으로 소중히 대한다면, 실반지 하나를 가진 사람이 손가락마다 다이아몬드 반지를 낀 사람보다 더 행복할 수 있다. 실반지조차 없는 사람도 세상에는 많다.

여행

여행을 자주 가지는 않지만 한 번 가면 멀리 오랫동안 간다. 돈도 많이 쓰지 않고 짐 가방도 늘 가벼워서 떠나고 싶을 때 떠난다. 비결은 깊이 고민하지 않고 거창하게 계획하지 않으며 무조건 부딪히는 것이다.

여행 준비에 많은 시간을 들이지 않는다. 여행 기간이 얼마든 짐의 크기는 변하지 않는다. 큰 짐 가방은 여행을 하는 동안은 물론 여행을 가기 전부터 족쇄처럼 자유를 침해한다. 필요한 물건은 그때그때 현지에서 사면 된다. 짐은 가볍게 챙겨야 한다. 그리고 무엇보다 비행기표를 먼저 예매한다. 일단 끊어놓으면 무슨 일이 있어도 가게 된다. 요즘은 비행기표 등 각종 승차권과 입장권을 전자 티켓(E-ticket)으로도 발권한다. 필요한 증명서와 티켓 등은 사전에 전자 티켓으로 끊어서 스마트폰에 저장해둔다. 계획은 차차 비행기 안에서 세워도 되고, 공항이나 여행지의 숙소에서 세워도 된다. 집을 나서서 낯선 곳을 가는 것 자체가 여행이다. 절대 후회할 일은 없다.

비행기는 직항보다는 경유가 싸고, 출발 시간대도 새벽이 좀 더 싸다. 미리 끊으면 좋지만 나는 즉흥적이고 충동적으로 여행을 떠나는 편이라 별로 도움은 안 된다. 하지만 경유와 새벽 시간대를 선택하는 것만으로도 비용을 절감할 수 있다.

동유럽을 한 달간 여행하면서 항공료 포함 300만 원으로 모든 경비를 충당했다. 스페인에서 상그리아도 마셨고, 독일에서는 슈바인스학세(우리나라의 돼지족발과 비슷한 독일 전통 음식)도 먹고 야경도 보고 크루즈도 탔다. 말레이시아와 싱가포르를 여행했을 때도 마찬가지였다. 많은 돈을 들이지 않았지만 늘 만족감이 높은 여행이었다. 이제는 여행하고 싶은 도시와 국가는 한 달 혹은 그 이상 체류하는 여행을 할 생각이다. 여러 번의 시행착오로 여행 근육이 많이 단련되었다.

가벼운 여행을 추구하기에 물건을 많이 들고 다

니지 않는다. 짐을 줄이기 위해서 할 수 있는 일은 모두 한다. 필요할 때 빨래도 하고, 화장이나 옷차림도 간소화하는 편이다.

현지인들처럼 살아보는 게 나의 여행 모토다. 그들도 매일 거창하게 외식하지 않는다. 가볍게 재료를 사서 요리해 먹거나 간단하게 먹는다. 여행하는 동안 나는 숙소에서 제공하는 조식으로 아침 식사를 대신했다. 2~3유로 정도의 가격으로 시리얼, 계란, 우유, 과일 등 꽤 다양하게 먹을 수 있었다. 점심은 주로 카페에서 차 한 잔과 크루아상 같은 빵을 먹었고, 저녁은 슈퍼에서 과일과 요거트를 사 먹거나 가볍게 샌드위치를 먹기도 했다. 여행하는 지역마다 조금씩 다르지만 한 끼 정도 외식을 하더라도 나머지 두 끼는 가볍게 먹었다. 예산이 정해진 나로서는 매끼 외식을 하는 것은 부담스럽게 느껴졌고 필요하지도 않았다. 무엇보다 일분일초라도 아껴서 더 많이 구경하고 체험하고 느끼는 게 중요했다.

잠자리는 푹신한 침대만 있으면 된다고 생각한다. 숙소에서는 거의 잠만 자는 편인데 굳이 비싼 호텔에 묵을 필요가 없다. 잠자리를 까다롭게 따지는 편도 아니고, 하루 종일 걷고 체력을 많이 써서 숙소에 들어오면 바로 쓰려져 자기 바쁘다. 여행할 때는 호텔보다는 민박이나 유스 호스텔, 에어비앤비를 주로 이용한다. 유스호스텔은 대체로 역에서 가깝고 번화가에 위치해서 이동하기 편리하다.

여행지의 추억은 글로 남기고 마음속에 새긴다. 기념품은 사지 않는다. 기념품이라고 해봤자 전부 공장에서 찍어낸 공산품들이다. 기념품 대신 여행지에서 경험한 황당하고 재미있고 감동 있는 이야기를 선물한다.

나는 무거운 가방도 카메라 장비도 여행 책자도 없이 다닌다. 사진을 많이 찍거나 랜드마크를 찾아다니는 것은 내가 여행하는 목적이 아니다. 여행지에서 나는 이방인이지만, 그 나라 사람이 된 것처럼 그들의 일상을 맴돈다. 그 나라 사람들이 좋아하는 장소, 아침을 먹는 카페, 좋아하는 책과 음악에 대해서 이야기할 수 있고 세세한 그들의 일상을 보고 듣고 느낀 대로 주변 사람들에게 전해주는 상상을 하면서 여행을 한다.

여행하기 전이나 여행하는 동안에도 따로 계획을

세우지 않는다. 꼭 보고 싶은 곳이나 특정 장소나 지역이 있더라도 머릿속에 숙지만 해놓고, 구체적으로 시간이나 동선을 계획하지는 않는다. 나에게 여행은 단순한 '구경'을 넘어 그곳 사람들과 동화되어 살아보는 것이다. 내가 언어를 공부하는 이유도 현지의 생활을 최대한 가까이서 느끼기 위해서다. 발자취를 남기는 것에 신경 쓰지 않는다. 그곳에서 살아가는 사람들의 자취가 더 궁금하다. 유적지나 명승지는 내 관심사가 아니다. 그보다 동네 사람들이 모여드는 작은 서점, 가족끼리 연인끼리 찬거리를 사러 나오는 시장, 허름하지만 따뜻한 소극장, 오후 느지막이 삼삼오오 시민들이 모여드는 광장과 공원을 다니면서 그들의 삶 속 한 부분이 되어보는 게 내가 여행하는 방식이다.

소유

이보다 더 가벼워질 수 없을까? 그 가벼움은 어떤 불편함도 뛰어넘는 가치가 있다. 그래서 지금의 풍요로움에 안주하지 않고, 나서서 결핍을 찾는다. 감수할 수 있는 불편이 늘어나면, 그만큼 삶의 여유 공간이 늘어난다.

어느 정도 물건 없는 삶, 소박한 밥상, 돈 쓰지 않는 홀로서기 생활에 익숙해졌다. 하지만 미니멀 라이프는 계속된다. 미니멀리즘은 목표나 엔딩이 있는 여정이 아니다. 물건을 줄이는 것 자체가 중요하지는 않지만, 지금 소유한 물건을 보면 지난날 내가 어떻게 살았는지 궁금해질 정도로 물건이 없다.

세상에 유용하지 않은 물건은 없다. 이유를 붙이기 시작하면 쓸모는 항상 있게 마련이다. 그러나 상황에 따라 필요한 물건들을 다 갖추고 살면 생활은 편리해지지만, 그 편리함이 곧 구속이고 속박이 된다. 그 익숙함은 우리의 자유를 박탈하고, 우리의 영혼은 물건과 소유에 예속되고 만다.

이가 없으면 잇몸으로 산다고 했다. 물컵이 없다고 물을 못 마시는 사람은 없다. 방법은 찾으면 생긴다. 기존에 없던 방법을 만드는 재주도 덤으로 얻는다. 다운사이징도 창의성을 발휘해야 한다. 창의적으로 생각하는 훈련을 하다보면 관점이 바뀌고 시야가 넓어지고, 보이지 않던 세상이 눈에 들어온다.

나는 침대를 없애고 공간을 얻었고, 자유를 얻었다. 나는 텔레비전을 보지 않지만 더 많은 정보와 소식을 누구보다 빠르게 접한다. 적극성은 그 어떤 편의도 이겨낸다. 옷을 줄이고 고민하는 시간을 벌었다. 책은 사지 않지만, 나의 감수성은 조금도 퇴보하지 않았다. 그 밖에도 나는 하지 않는 일과 먹지 않는 음식이, 하는 일과 먹는 음식보다 훨씬 많다. 하지만 나는 그 어느 때보다 생산적으로 하루를 보내고, 건강하며, 창의적으로 사고하고, 융통성 있고 합리적인 판단을 한다.

결핍은 축복이다. 소유의 무게를 줄이기 위한 도

전은 끝이 없다. 미니멀리즘은 종착지가 없는 여정이다. 매일 실천해야 할 라이프 스타일이다. '이만하면 됐어'라고, 더 비울 수 없다고 단정 지을 수 없다. 물질뿐만 아니라 정신, 영혼, 관계, 지식 등에 대한 집착 또한 소유욕이고 줄여야 할 대상이다. 줄이고 또 줄이는 데 한계는 없다.

충만함

 행복한 삶을 위해서 필요한 건 많지 않다. 내 몸 하나 편히 누일 수 있는 작은 방과 밤에 추위를 막아줄 담요 한 장, 그릇 하나, 컵 하나, 계절별 옷 한 벌씩, 편하고 튼튼한 신발 한 켤레면 충분하다.
 어디든 갈 수 있는 건강한 두 다리와 씩씩한 발걸음, 영혼의 온도를 높여줄 책 한 권, 내면을 정리하고 감정의 찌꺼기를 해소할 수첩과 연필 한 자루가 있다면, 언제든 가볍고 평온한 마음으로 훌쩍 떠날 수 있다. 살아가는 데 필요한 건 많지 않다. 지금 가지고 있는 물건들을 더 좋고 더 새롭고 더 화려한 것으로 바꿔야 한다는 생각은 다 착각이다. 내가 지금 가지고 있는 물건은 그게 무엇이든 그 자체로 충분히 좋다.
 저 멀리 검은 대륙에서는 당신이 매일 아침 지겹다고 소리치는 옷 한 벌, 무늬가 촌스러워서 새것으로 바꾸고 싶은 이불, 냉동실에 넣어놓고 잊어버린 오래된 음식 등 불평불만 가득한 그 물건 하나가 없어서 생과 사를 오간다. 오늘내일하며 어쩌면 오지 않을 내일을 위해 오늘을 불안 속에서 보낸다.

사야 하는 물건, 더 받아야 하는 사랑, 많을수록 좋을 것 같은 돈, 그런 것들을 차곡차곡 모으다보면 언젠간 행복으로 가는 고속 열차가 될 거라고 생각한다. 그러나 물건은 생존을 위협당하지 않을 정도면 충분하다. 무엇이 더 필요하다는 생각이 들면, 이제 무엇을 더 비울 수 있을지를 떠올려본다. 그리고 그 빈자리를 어떻게 영원히 고갈되지 않을 충만감으로 채울 수 있을지를 고민해본다.

인테리어 잡지마다 이구동성으로 커튼, 적당한 식물, 꽃, 화분, 액자, 벽지, 침대 시트 등 각종 인테리어 소품을 소개한다. 집 안을 세련되게 꾸미기 위해서 반드시 필요한 물건이라며, 디자인 숍의 주소와 전화번호까지 상세하게 일러주면서 인테리어를 권장한다.

인테리어에 정답이 있는 건 아니다. 인테리어 자체를 필요 없다고 생각할 수도 있다. 사람마다 가치관이 다르고, 집에 대한 정의도 좋아하는 스타일도 다르다. 잡지에서 말하는 정답이 나의 정답일 필요는 없다.

창문에 커튼이 없으니 햇빛이 환히 들어온다. 덕분에 아침에 알람 없이도 눈이 떠지고, 창문 사이로 과감하게 스며드는 햇빛 덕분에 집 안은 더 넓고 화사해진다. 나무와 꽃이 보고 싶으면 바깥으로 나간다. 넓은 자연에서 활기찬 진짜 녹음을 만끽한다. 사방이 막혀 있는 네모 상자 속에 자연을 가두지 않는다. 자연은 그것들이 속한 곳에 머물게 내버려둔다.

좋은 습관

 좋은 습관을 만드는 가장 효과적인 방법은 무엇일까? 정답은 싱겁지만 명료하다. 그냥 하면 된다. 생각하지도 말고, 계획도 세우지 말고, 결심도 다짐도 하지 않고 그냥 해야 한다.

 방송 리허설 전 스트레칭을 하는 김연아에게 PD가 질문을 했다.
 PD: 무슨 생각하면서 (스트레칭을) 하세요?
 김연아: 무슨 생각을 해요, 그냥 하는 거죠.

 정말 그렇다. 습관처럼 무언가를 하는 사람들은 그냥 한다. 이유가 없다. 이유가 있어야 잘할 수 있는 건 아니다. 이유 없이 그냥 하는 것이 습관을 만들기에 가장 적합한 방법이다. 습관이 일단 자리 잡으면 이성과 상관없이 본능처럼 몸이 먼저 반응한다. 별다른 의지 없이 할 수 있다. 인간의 두뇌는 참 이상하다. 뭔가 열심히 해보려고 할수록, 단단하게 마음먹고 굳은 결심을 할수록, 해보려는 의지가 아무리 강해도 행동으로 나타나지 않는다. 계획을 세우고 결심하는 순간, 우리 마음속에는 완벽하게 해야 한다는 중압감이 생겨나 선뜻 시작하기가 점점 어려워진다.

나는 자기 전에 머리맡에 운동화를 놔둔다. 화장실 앞에는 청소기를 세워놓는다. 눈 뜨자마자 아무 생각 없이 청소하고 운동부터 한다. 청소하고 운동하는 시간을 따로 배분하지도 않고, 고민하거나 달리 생각을 하지도 않는다. 그리고 틈틈이 정해진 시간 없이 하고 싶을 때마다 생각나면 그때그때 운동을 하고 집안일을 한다. 절대 빨랫감이 쌓이거나 할 일이 밀리지 않는다. 이렇게 꽤 괜찮은 습관을 네댓 가지 만들었다. 그냥 하면 된다. 머리를 비우고 생각을 버리고 그냥 일단 몸을 움직이면 된다.

성장

 행복이 무엇이냐고 묻는다면, 나는 망설임 없이 '성장'이라고 답할 것이다. 나는 담배도 술도 하지 않는다. 그 대신 내가 중독된 것 한 가지가 있다면, 그 또한 '성장'일 것이다.

 한 개인으로서 발전하고 더 나은 인격을 갖추고 육체적, 정신적으로 더 나은 사람이 되는 '성장'은 내게 행복이자 존재의 이유이며, 나를 살아 숨 쉬게 하는 원동력이다. 나는 열정을 원료로 성장을 불태우고, 불탄 성장은 다시 촉진제가 되어 나의 열정에 불을 지핀다. 그리고 미니멀리즘은 나의 성장감에 가속을 붙였다. 성장감에 집중하기 시작한 뒤 성장을 저해하거나 그와 관계없는 모든 요소가 사라졌다. 물질과 소유물도 이 과정에서 사라졌다.

 내게 필요한 물질적 부는 인간다운 생활과 생존을 영위할 수 있는 기본 의식주 정도다. 배고픔을 면할 음식과 누울 잠자리, 더위와 추위를 피할 옷만 있으면 된다. 성장이 나의 엔도르핀이자 갈증을 해소하는 단비고, 발전은 나의 정체성이고, 성취는 곧 행복이다.

내가 새로움을 찾아 나서고, 끊임없이 공부하고, 기록하고 여행하고, 듣고 필사하고, 매일 땀을 흘리고, 건강하게 먹고, 따라 읽고, 반복하고, 지속하는 이유도 이 모든 일들이 작지만 하나의 덩어리가 되면 '성장'으로 이어지기 때문이다. 물질은 절대 성장으로 이어지지 않는다. 따라서 물질은 삶의 행복에 영향을 미치지 않는다. 자기 소유의 펜트하우스에 살든, 월세 원룸 오피스텔에 살든, 내 행복 지수는 변함이 없다. 그리고 대다수 사람에게도 이 법칙은 적용된다. 행복은 스스로 앞으로 나아간다는 성장감을 먹고 덩치를 키운다. 그 성장감은 정신적 풍요, 개인의 성취, 건강한 관계 맺음으로 만든다.

갖은 장신구를 두르고 비싼 가구들에 둘러싸여 살아도, 그 만족감은 오래가야 일주일이다. 더 나은, 더 비싼, 더 좋은 물건은 늘 있게 마련이고, 그것을 가지지 못한 나는 불행하다. 그리고 가진 자와 비교하고 그들을 시기한다. 시기심과 질투는 열등감으로 이어지고, 열등감은 자아를 파괴한다.

우리가 행복했던 순간을 한번 떠올려보자. 그 순간들 가운데 '물건'이 있었던 적이 한 번이라도 있었던가? 원하는 물건을 손에 넣어 기뻤다면, 그 기쁨은 얻은 다음이 아니라 얻는 과정에 있다. 하지만 막상 손에 쥐면 그 행복의 부피는 바람 빠진 풍선처럼 쪼그라든다. 행복일 것이라 생각했던 물건은 방치되고 잊히고 버려진다. 물질에 대한 갈망은 더 많은 욕망을 부추길 뿐이다.

우리가 진정으로 행복을 느끼는 순간은, 사랑하는 사람의 행복한 얼굴을 볼 때, 가족들과 실없는 농담을 주고받으면서 키득키득할 때, 친구의 행복과 안녕을 축복하고 응원할 때, 내게 중요한 가치관에 대해 깊이 있는 대화를 나눌 때, 열정을 가진 학문을 공부하고 성과를 이뤄낼 때, 인생에서 한 단계 앞으로 나아갈 때, 창조하고 성취하고 인정받을 때, 새로운 배움으로 넓게 바라보고 깊게 사고할 때, 더 큰 세상을 향해 나아갈 때다.

내게 진실한 행복은 '성장'이다.

행복

 더 많이 소유하는 것이 행복하게 사는 것일까? 물건은 결코 생명보다 더 가치 있을 수 없다. 사람이 재산이고, 건강이 부다. 소유는 행복이 아니다. 더 가지고자 하는 욕심은 화를 부른다. 모든 부정부패의 시작은 욕심이다.

 엄청난 물질적 풍요를 누려본 사람들이 하나같이 입을 모아 말한다. 백만장자가 되어봤자 남는 건 공허함뿐이라고 말이다. 돈, 인기, 사회적 명성을 모두 경험한 그들이, 물질이 주는 만족감은 황당할 만큼 가볍다고 말한다. 더 많이 가져야 한다는 초조함, 욕망의 무게에 짓눌린 우울함이 더 큰 불행을 낳았다고 토로한다. 물론 돈과 재물이 많다고 해서 모두가 불행하지는 않다. 대중의 관심, 인기, 좋은 집, 비싼 차를 가지고도 불행했던 이유는, 가치를 자신이 아닌 다른 사람을 통해 찾았기 때문이다.

결국 '어떻게 하면 행복할 수 있을까?'라는 질문에 대한 답은 스스로 찾아야 한다. 그리고 그 답은 내 안에 있다. 내면의 소리에 귀를 기울이면 들린다. 자신과 끊임없이 대화하고 질문하고 답을 구해야 한다. 나 자신이 나의 가장 든든한 지원군이 되어, 나를 응원하고 사랑할 때 우리는 차원이 다른 충만감을 경험한다. 물건이 많은 사람들의 삶에서는 물건이 곧 주체가 된다. 물건 때문에 늘 불안하고 고민하고 불편하다. 삶의 주체는 사람이 되어야 한다. 스스로가 주체인 삶과 물건이 주체인 삶, 어떤 삶이 더 행복할지는 굳이 말하지 않아도 될 것이다. 타인, 대중, 인기, 물질, 돈에 의지한 행복은 이 모든 것이 없어지는 순간 함께 사라진다.

내게 기쁨과 정신적 충만감을 주는 일을 향해 전력투구하고, 매 순간 나를 돌보며 발전하기 위해 노력하면 하루하루를 충실히 살게 된다. 그 순간들이 모여 나만의 작은 행복 상자가 만들어진다. 그리고 이 행복 상자는 불변의 만족감과 충만감으로 가득한 삶을 살아가게 하는 이정표가 된다.

마음

 욕심 부리지 않고, 집착하지 않고, 타인에게 상처 주지 않으며, 불의를 외면하지 않고, 정의를 바로 세우고, 사회의 일원으로서 도움이 되고, 자비와 연민과 사랑이 충만한 그런 삶을 살고 싶다. 세상은 한없이 복잡하고 어지러워 보이지만, 한편으로는 지극히 간단명료하다. 어떻게 마음먹느냐에 따라 어렵고 험난한 사회가 될 수도 있고, 쉽고 느리고 여유 있는 사회가 될 수도 있다.

 모든 건 나의 선택에 달렸다. 복잡하게 사는 것도 나의 선택이고, 복잡함을 벗어나는 것도 나의 선택이다. 내가 먹는 마음이 곧 내가 살아갈 인생의 방향이다. 힘들고 지친 하루를 보냈다면 나를 괴롭히는 온갖 상황들을 탓하며 원망하지 말고, 오늘 아침 내가 어떤 마음가짐과 태도로 하루를 마주했는지 그 마음을 되짚어봐야 한다. 상황은 불길을 거세게 만들지만, 불씨를 지피는 건 나의 마음이다.

밧줄에 묶여 길들여진 코끼리는 다 자라나서 밧줄이 풀려도 우리 밖으로 떠나지 못한다고 한다. 나는 코끼리가 되고 싶지 않다. 밧줄에 묶인 내 모습에 너무 익숙해져서 눈앞에 자유가 있어도 있는지조차 모르는 것이 내가 가장 두려워하는, 마지막까지 피하고 싶은 내 모습이다. 세속적인 욕망, 관계, 출세는 편의를 주지만, 그 심리적 부담이 커지면 욕심이 자유를 옭아맨다.

욕망의 끈이 우리를 속박하는 것은 아니다. 문제는 끈을 놓지 않는 우리의 손이다. 끈이 불편하다고 불평을 늘어놓으면서도, 막상 욕망의 끈에서 손을 놓으라고 하면 망설이는 것이 우리의 현실이다.

자유롭고 싶다고 말하지만 정작 자유를 주면 망설인다. 미련, 집착, 보이는 내 모습, 남들을 평가하고 싶은 욕구, 인정받고 싶은 욕망, 돋보이고 싶은 심리와 세속적 욕망 들로 마음은 가득 차 있다.

진정으로 자유를 원한다면 물리적 독립이 아닌, 타인과 사회로부터 독립해서 온전히 나 혼자 힘으로 일어설 수 있는 정신적 독립부터 해야 한다. 진정한 자유인은 속세에서 멀어지려고 하지 않는다. 내가 어디에 있든 내 마음이 자유롭다면 그 상황이나 환경으로 간단하게 자유를 속박할 수 없다. 내가 속한 환경, 상황, 주변 사람은 나의 자유를 결정하지 않는다. 나의 자유는 내가 먹은 마음이, 내가 생각하는 방식이 만든다.

꿈

 시간이 지날수록 미니멀리즘이 합리적인 생활 방식이라는 신념이 강해지고 있다. 물건을 줄이고 고민이 사라지고 의심하지 않게 되고, 하고 싶은 일과 이루고 싶은 꿈에 집중할 수 있게 된 것도, 미니멀리즘이 알면 알수록 논리적이고 합리적이기 때문이다.
 우리가 꿈을 이루기 위해 진정으로 필요한 것은 뭘까? 지속하는 힘과 습관이다. 이것저것 많은 재료가 필요 없다. 장인은 연장을 탓하지 않는다. 재능과 실력은 노력과 반복, 끈기, 열정이 만들어낸다. 숯 한 조각으로도 불멸의 스케치를 남기는 것이 장인이다. 진리를 깨우치려면 100권의 책을 한 번 읽는 것보다 한 권의 책을 100번 읽는 것이 더 효과적이다. 외국어를 잘하고 싶다면 CD 한 장을 오디오가 고장 날 때까지 들어야 한다. 단 한 장이면 된다.

멋진 몸은 비싼 헬스장, 퍼스널 트레이너, 연예인이 광고하는 운동 기구가 만들지 않는다. 매일 꾸준히 단 30분씩이라도 흘린 땀과 정직하게 챙겨 먹은 건강한 음식이 만든다.

그릇 하나, 컵 한 잔만 소유한다면 설거지도, 그릇을 보관할 수납함도 필요 없다. 매일 같은 음식만 먹으면 무슨 음식을 먹을까 고민할 필요가 없고, 장을 보는 수고도 할 필요 없다. 기름으로 조리하지 않고 식재료를 익혀만 먹는다면 프라이팬도 기름도 필요 없고, 부엌에 기름이 튈 일도 기름때가 끼어 스트레스를 받을 일도 없다. 또 고추장, 고춧가루, 설탕 등의 양념을 쓰지 않으면 건강도 지키고 부엌의 청결도 지킬 수 있다.

옷을 잘 입는 사람은 매일 새 옷을 사서 입는 사람이 아니다. 옷을 소중하게 다루고, 깨끗하게 세탁해서 구김 없이 다림질한 옷으로 늘 최상의 상태를 유지하는 사람이다.

물건은 꿈을 이루어주지 않는다. 꿈은 걷든 달리든 앞으로 발걸음을 내딛는 내 다리가 이룬다. 슬리퍼를 신고 기어가는 사람이 멋진 운동화를 10켤레

가지고도 걷지 않는 사람보다 앞서간다. 꿈을 이루는 것은 물건도 거창한 방법도 계획도 아니다. 일어서서 움직이는 행동력과 단 한 권의 책에 집요하게 매달리는 집념과 끈기다.

외모 관리

 쇼핑을 즐기지 않고 패션이나 화장에 신경 쓰지 않는다고 하면, 꾸미는 일에 관심도 없고 외모를 가꾸지 않는다고 오해를 할 수도 있다. 하지만 분명히 말할 수 있는데, 나는 외모에 관심이 아주 많다. 외모를 가꾸는 방식이 조금 다를 뿐이다. 나는 옷, 액세서리, 화장품으로 외모를 가꾸지 않는다.
 음식, 운동, 요가, 목욕, 마사지, 스트레칭, 훌륭한 보습제, 오일, 긍정적인 사고로 외모를 관리한다. 내게 어울리는 질 좋은 옷을 소량 사서 입는 것 또한 내가 외모를 가꾸는 방식이다. 영화와 다큐멘터리를 보고, 책을 읽고 글을 쓰고, 전시회를 보는 것은 내가 내면을 다스리는 방법이다.
 나는 자기애가 강한 사람이다. 미니멀리스트로 살면서 나는 나 자신을 더 사랑하게 되었다. 내가 나를 사랑하는 최적의 방식이 무엇인지 알게 되었다. 사람은 모두 다 다르다. 외모를 가꾸고 내면을 아름답게 만드는 방식도 모두 다르다. 예쁜 옷을 사고 사람들과 어울리고 사교적인 생활을 하는 것이 자신의 외면과 내면을 아름답게 만든다고 말하는 사람도 있다. 어느 것이 만족감이 더 큰지는 개인마다 차이가 있겠지만, 본질적으로 접근하면 만족감이 훨씬 오래간다. 한번 시도해보라고 권하고 싶다.

옷이나 화장품을 사러 가는 발걸음을 돌려, 그 대신 아로마 테라피를 받거나, 필라테스나 요가 수업에 등록해보자. 옷으로 치장하여 얻은 만족감과는 차원이 다른 아름다움과 자신감을 느낄 수 있을 것이다.

정리

　정리와 청소는 엄연히 다르다. 정리는 기존에 있는 물건의 배치를 달리하는 작업이고, 청소는 물건의 개수 자체를 줄여서 정리가 필요 없는 환경을 만드는 작업이다. 정리를 못하는 사람이라면 무조건 '청소'부터 해야 한다.

　나는 선천적으로 정리를 못하는 사람이다. 물건을 제자리에 놓는 것은 고사하고, 어느 정도 쌓여서 눈에 보기 거슬릴 정도가 되어야지만 치웠다. 그야말로 '귀차니스트'였다. 물건을 줄이고 불필요한 물건을 처분하는 일은 내게 선택이 아닌 필수였다. 그래서 나는 '정리가 필요 없는 상태'를 지향한다. 아무리 무신경하게 살아도 절대 어지러워지지 않는 환경이다. 나는 상상만으로도 설렜다.

　물건을 적게 소유하면 치울 게 별로 생기지 않는다. 복잡한 정리법과 수납법을 기억할 필요가 없다.

현재 내가 가지고 있는 식기는 10개를 넘지 않는다. 국그릇, 밥그릇, 접시, 컵, 수프 그릇까지 용도별로 한 가지씩만 있다. 설거지를 하지 않으면 밥을 먹을 수 없다. 그래서 그때그때 설거지를 하는 습관이 생겼고, 언제나 깨끗한 주방을 유지할 수 있다. 설령 그릇이 쌓여봤자 5개다. 물건의 절대량이 적으면 환경이 지저분해질 수 없다. 집 안 어느 구역, 어떤 물품도 예외는 없다. 옷이 워낙 적어 옷을 벗어서 허물처럼 거실에 널어놓아도 쉽게 어지러워지지 않는다.

정리를 못하는 사람일수록 물건을 줄여서 행동반경을 좁혀야 한다. 선택해야 할 옵션이 줄어들고 관리해야 할 구역이 한눈에 들어올 만큼 협소해지면, 손이 안 닿는 곳 없이 구석구석 청소할 수 있다. 정리를 못하는 사람일수록 수납함을 줄여야 한다. 수납함에 의지하기 시작하면 정리가 귀찮아지는 순간 모든 물건을 수납함에 집어넣는다. 모든 물건은 제자리를 정해 수납하고 어디에 두었는지 기억해야 하지만, 물건이 많으면 완벽히 정리하는 것 자체가 힘들어진다. 물건을 줄이면 정리가 필요 없어진다.

달리 노력하지 않아도 공간 자체가 인테리어가 된다.

환경과 지구

 물건을 줄인 뒤로 부쩍 환경에 관심이 많아졌다. 물론 그 전에도 손수건이나 텀블러를 들고 다니고, 가까운 거리는 자전거를 타면서 돈도 절약하고, 작은 행동이라도 환경에 기여하자는 생각을 했다. 하지만 지금은 좀 다르다. 의식 자체가 변했다.

 물건을 줄이다보면, 쇼핑을 할 때 신경을 곤두세워 꼭 필요한지를 수백 번씩 스스로에게 묻게 된다. 신중한 검열을 통해 산 물건은 오래 쓰게 된다. 쓰레기도 많이 줄어든다. 쓰레기가 줄어드는 것이 눈에 보인다. 이틀에 한 번꼴로 비우던 음식물 쓰레기봉투가 1주, 2주씩 가고 종량제 쓰레기봉투도 한 장을 2주 이상 쓴다. 재활용 쓰레기도 거의 나오지 않으므로 집을 더 정갈하게 유지할 수 있다.

 이처럼 깨어 있는 소비는 쓰레기를 줄일 뿐만 아니라, 어떻게 하면 지구의 자원을 최소한으로 쓸까

하는 고민으로 이어진다. 전기와 물도 아껴 쓰게 되고, 겨울에는 난방을 약하게 하고 여름에도 냉방을 하지 않는다. 자연에 순응하는 법을 연습하자 몸은 날씨의 변화에 금방 적응했다. 자원을 아껴 쓰기 위해 전기와 물 사용을 자제하고, 쓰레기를 줄이기 위해 플라스틱 제품과 일회용품을 끊었다. 에코 백, 손수건, 물병을 생활화하기 시작한 후 나는 이 모든 행동이 환경이 아니라 나를 위한 것이라는 생각이 들었다. 내가 기쁘고 행복해지기 시작했다. 다음 세대의 아이들이 내가 누린 것을 모두 누리게 해주고 싶어졌고, 매일매일 세상에 기여한다는 자부심을 가지게 되었다.

환경을 지키는 것은 멀리 보면 지구를 위하는 일이지만, 가까이서 보면 '나'를 위하는 일이었다. 나를 더 행복하게 만들어줬다. 깨어 있는 소비를 하는 것은 생각의 사소한 전환에 불과하지만, 이는 삶의 다양한 분야에 실로 막대한 영향을 미친다. 소비하기 전 한 번 더 생각을 하고 조금이라도 물건을 줄일 방법을 모색하는 작은 행동이, 우리가 사는 환경과 지구 나아가서 인류를 구원할 수도 있다. 미니멀리스트들이 대부분 채식을 하고 에코 백을 애용하고 텀블러를 들고 다니는 것은 이런 이유에서다.

가짜 미니멀리즘

어느새 미니멀리즘이 인테리어나 패션 트렌드가 되었다. 잡지에서 소개하는 미니멀 하우스를 보면, '미니멀리즘이란 이런 거야'라는 식으로 미니멀리즘을 특정한 트렌드로 규정하고 상품화하는 것 같아서 마음이 좋지 않다.

화려한 패턴과 독특한 색감을 즐기든 그 반대이든, 취향과 스타일에 상관없이 누구나 미니멀리스트가 될 수 있다. 가진 것을 모두 버리고 흰색과 무채색 제품으로 바꾸는 게 미니멀리즘일까? 낭비는 어떤 이유로도 합리화할 수 없다. 더군다나 낭비의 이유가 미니멀리즘이라면 차라리 미니멀리즘을 관두는 편이 좋다. 물욕에서 벗어나 단순한 삶을 추구하자는 것이 미니멀리즘인데, 사회는 또다시 트렌드를 빙자하여 미니멀 라이프의 형태와 디자인을 만들어낸다. 그리고 마케팅으로 얼룩진 트렌드는 또다시 소비를 부추긴다.

　미니멀리즘은 패션, 인테리어, 가구 스타일을 가리키는 특정한 양식이 아니다. 미니멀리즘은 삶의 철학이며 방식이고 태도다. 그리고 '만족'이다. 진정한 미니멀리스트라면 가진 것에 감사하고 만족하고 집중한다. 물론, 예술적 미니멀리즘으로 접근한다면 하나의 양식이 될 수 있다. 디자인이나 건축에도 미니멀리즘이 있다. 그러나 스스로를 미니멀리스트라고 칭하지는 않았으면 좋겠다. 미니멀 라이프를 사는 사람이라면 버리기 위한 구매는 하지 않는다. 가구를 원목으로 통일하기 위해 사용하던 멀쩡한 가구와 옷장에 있는 옷을 모두 버리고 '미니멀 스타일'로 새 옷을 사는 것은 미니멀리즘이 아니다.

　SNS를 보면 '미니멀리즘'이라는 단어가 들어간 표제의 글을 올리는 사람들이 많다. 그들은 스스로 미니멀리스트라고 칭한다. 하지만 그들이 보여주는 일상은 영감과 행복을 주기보다는 박탈감을 준다. 소박함이 미덕인 미니멀리즘은 박탈감과는 거리가 멀다. 무채색 옷을 입고 '무인양품' 제품을 쓰지만 그들의 삶은 소박해 보이지 않는다. 같은 옷을 입은 사진은 한 장도 없고, 매일 화려한 카페에서 외식을 하며, 비싼 커피를 마시고, 새로운 유기농 제품을 소개한다. 물건을 끝도 없이 버리고 벼룩시장을 자주 연다.

자신의 일상을 공유하는 것은 그 사람의 자유이다. 화려한 인생을 산다면 화려함을 과시해도 되고, 특정 브랜드를 좋아한다면 그 마음을 마음껏 내비쳐도 된다. 하지만 적어도 미니멀리즘, 미니멀리스트라는 단어는 사용하지 않았으면 좋겠다. '화이트 인테리어', '심플 패션', '무인양품 집 꾸미기' 같은 표제가 더 잘 어울리고 내용과도 부합한다.

미니멀리즘은 포장지가 아니다. 미니멀리즘은 적은 소유, 큰 만족, 성장, 성취감이다. 환경을 생각하는 마음, 낭비를 지양하는 가치관, 적게 먹고 적게 말하고 자신을 돌보고 수양하는 정신이다.

미니멀리즘이 아직 소소한 움직임이긴 하지만, 그래도 꾸준히 주목받고 있다. 미니멀리즘이 확산되고 더 많은 사람이 작은 생활을 추구하고 낭비를 지양하는 것은 반가운 소식이지만, 잘못된 형태의 트렌드를 미니멀리즘이라고 오해할까 걱정된다.

부록

기쁨이 배가 되는 선물

아래 나열한 것과 같이 물질이 아닌 경험을 선물하면, 잊을 수 없는 추억을 만들 수 있다.

*마사지 쿠폰
*스파 이용권
*미용실 이용권
*콘서트, 연극, 뮤지컬 등 공연 티켓
*영화표
*선물 받을 사람의 이름으로 하는 기부
*근사한 레스토랑에서 한 끼 식사
*집에서 정성스럽게 요리한 식사 대접
*스포츠 센터 회원권
*공개적으로 칭찬하는 글
*함께 걷는 산책길
*전시 관람권

* 손 편지
* 함께한 추억으로 만든 사진첩
* 손수 만든 잼
* 손수 그린 그림이 들어간 여행지의 엽서
* 비행기표
* 여행 패키지 상품권
* 손수 만든 꽃다발
* 선물 받을 사람의 관심사와 관련된 잡지 정기 구독 신청
* 선물 받을 사람이 해보고 싶어 했던 체험(패러글라이딩, 승마 등) 1일 이용권
* 필라테스, 요가 강습권
* 온천 이용권
* 한식 뷔페 이용권
* 스튜디오 스냅 사진 촬영권
* 리조트 이용권
* 호텔 숙박권
* 선물 받을 사람의 이름으로 악기 강습 레슨 등록
* 선물 받을 사람의 이름으로 외국어 학원 등록

버리기 전 한 번 더 체크리스트

* 빌릴 수 있는 물건인가?
* 중고 시장 또는 벼룩시장에서 살 수 있는가?
* 사치품이라면, 그만한 가치가 있는가?
* 나의 가치를 향상시키는 물건인가?
* 내게 즐거움, 행복, 긍정적인 감정을 주는가?

매일같이 사용하는 물건이라고 해도 쓸 때마다 신경질이 난다면 좋은 물건이 아니다. 깨진 거울처럼 거울을 볼 때마다 짜증이 날 것이다.

* 대체 가능한가?

칼이나 가위는 따지고 보면 모두 '자르기'라는 기능을 하는 도구들이다. 줄인다고 해도 크게 문제 될 것은 없다.

* 나의 성장을 돕는 물건인가?
* '언젠가' 사용할 것이라면 구체적인 날짜와 시간을 말할 수 있는가?

* 오래 쓸 수 있는가?
최상의 품질인지 확인하고 또 확인해라.
* 나의 생활 방식에 맞는 물건인가?
* 매일같이 쓰는 꼭 필요한 물건인가?

결핍의 한 달 보내보기

* 1일 차: SNS 하지 않고 살아보기
* 2일 차: 인터넷 없이 살아보기
* 3일 차: 스마트폰 없이 살아보기
* 4일 차: TV 보지 않기
* 5일 차: 쓰레기 없이 살기
* 6일 차: 자가용 타지 않기
* 7일 차: 국산 제품만 사용하기
* 8일 차: 난방, 냉방하지 않기
* 9일 차: 재능 공유하기
* 10일 차: 돈 없이 살아보기
* 11일 차: 광고 차단하기
* 12일 차: 낯선 곳으로 홀로 여행 가보기
* 13일 차: 10가지 물건으로만 살아보기
* 14일 차: '프로젝트 333' (필자가 도전했던 과제로 3달 동안 33가지 옷으로 살아보는 것) 도전해

보기
* 15일 차: 고기와 밀가루 먹지 않고 살아보기
* 16일 차: 종이 없이 살아보기
* 17일 차: 화학 성분 없이 살아보기
* 18일 차: 제철 과일만 먹기
* 19일 차: 생채식 해보기
* 20일 차: 24시간 물 단식
* 21일 차: 말하지 않고 살아보기
* 22일 차: 민낯으로 하루 지내보기
* 23일 차: 카페인 중독이라면 커피 하루 끊어보기
* 24일 차: 흡연자라면 하루 금연해보기
* 25일 차: 플라스틱과 비닐 사용하지 않기
* 26일 차: 한숨 쉬지 않기
* 27일 차: 선행 한 가지 하기
* 28일 차: 소중한 사람에게 사랑한다고 말하기
* 29일 차: 최소한의 물로만 살아보기(최대 5리터)
* 30일 차: 전기 없이 살아보기

지금 당장 없앨 수 있는 물건 23가지

＊지워지지 않는 얼룩이 묻은 옷
＊짝이 없는 양말
＊구멍 난 스타킹
＊나오지 않는 펜, 켜지지 않는 라이터
＊배달 음식 전단지
＊연락하지 않는 명함
＊유통 기한 지난 음식, 상한 음식
＊제조일로부터 1년 이상 된 화장품
＊고장 난 가전제품, 전자 기기
＊사이즈가 안 맞는 옷
＊발이 불편한 신발
＊영수증
＊각종 고지서
＊설명서: 웬만한 매뉴얼은 인터넷에 다 있고 전화로 상담하면 더 친절하게 알려준다.

*굳은 매니큐어
*다 읽은 잡지
*목이 늘어난 셔츠, 무릎 나온 바지
*날짜 지난 쿠폰, 포인트 카드
*CD: 음악 파일로 변환해서 디지털화
*피스가 부족한 퍼즐, 없어진 조각이 있는 보드게임
*짝이 안 맞는 트럼프, 화투
*이가 빠진 그릇
*생일 축하 카드, 편지, 청첩장: 필요 시 스캔

가볍게 산다

1판 1쇄 인쇄 2025년 7월 1일
1판 1쇄 발행 2025년 7월 14일

지은이 진민영
펴낸이 김현정
펴낸곳 책읽는고양이(도서출판리수)

등록 제4-389호(2000년 1월 13일)
주소 서울시 성동구 행당로 76 110호
전화 2299-3703
팩스 2282-3152
홈페이지 www.risu.co.kr
이메일 risubook@hanmail.net

ⓒ 2025, 진민영
ISBN 979-11-92753-40-9 03810

※책값은 뒤표지에 있습니다.
※잘못 제본된 책은 바꾸어 드립니다